성경의 비밀 II

하나님나라 건설

성경의 비밀 II

하나님나라 건설

지은이 | 함용진 · 염무생

2020년 12월 25일   초판 1쇄 발행

기획 편집 | 염무생
교열 교정 | 인카네이션

발행처 | 도서출판 아브라함
발행인 | 함용진
등록번호 | 제 2020-000080 호
등록일자 | 2020년 11월 3일
주소 | 경기도 부천시 경인로 412번길 25, 506호
전화 | 0505-055-8291   팩스 | 0505-055-8292
홈페이지 | www.abrahambook.com
도서/내용 문의 | abrahambook@naver.com
※ 이 책을 읽다가 궁금한 점이 있으면 E-mail로 문의해 주세요.

ⓒ 함용진 / 염무생, 2020
ISBN 979-11-972396-1-8
〈도서출판 아브라함〉 도서번호 002

BUILDING THE KINGDOM OF GOD

성경의 비밀Ⅱ

하나님나라 건설

함용진·염무생 지음

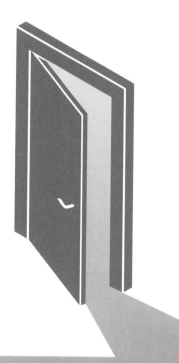

도서출판
아브라함

영생은

곧 유일하신 참 하나님과

그가 보내신 자 예수 그리스도를 아는 것이니이다

요한복음 17장 3절

추천사

성경을 이해 하고자 노력하는 분들에게 희소식입니다.

엄청나게 많은 정보와 책들로 인해 무엇이 진짜이고 가짜인지 분간하기 힘든 복잡한 현대를 우리는 살고 있습니다. 신학교 시절 어느 교수님의 말씀이 생각납니다. '하루에도 수천 권의 책이 출판되지만 쓸 만한 책이 없어서 쓰레기통에 버린다'는 말이었습니다. 그때는 그것이 무슨 소리인지 이해하지 못했는데 세월이 흘러 목회자로 살다 보니 그 교수님이 하신 말씀이 옳았다는 생각이 듭니다.

저 역시 책을 구입할 때 저자의 유명세나 책 제목을 보고 구입하게 되지만 잘못 구입했다는 생각에 그냥 놔 두었다가 버리는 책이 너무도 많았습니다. 그런데 '성경의 비밀Ⅱ(하나님나라 건설)'은 성경을 창세기부터 요한계시록까지 일목요연하고 이해하기 쉽게 잘 정리를 해서 성경이 우리에게 무엇을 말하는지 알고 믿기를 원하는 평신도들에게 아주 좋은 책일 뿐만 아니라 목회자에게도 유익한 책이라고 생각합니다. 어려운 신학 용어들을 사용하지 않아서 좋았고, 성경을 어떤 관점으로 읽어야 하는지를 명확하게 짚어 주어 좋았습니다.

이 책에서는 '하나님나라 건설'이 주제인데, 이 하나님나라를 건설하지 못하도록 우리 눈에 보이지 않는 사탄이 배후에서 어떻게 역사하는 지를 분명히 밝히고 있어서, 우리가 사는 이 세상살이가 영적인 싸움터라는 것을 간과하고 신앙생활을 하는 성도들에게 아주 유익한 책이라고 생각합니다.

특별히 성경을 설명할 때마다 해당되는 성경 구절을 분명히 제시한 것은 저자의 생각대로 말하고 해석한 것이 아니라는 것을 뒷받침해주고 있습니다. 해석의 차이는 다소 있을 수 있지만, 저자가 장로교단 소속이라 장로교 교리를 충실히 따르는 것 같습니다. 이 책을 통해 많이 배웠고, 도움이 되었기에 목사로서 주위의 그리스도인들에게 적극 권합니다.

장평장로교회 황종수 목사

그날에 귀머거리가 책의 말을 들을 것이며 어둡고 캄캄한데서 소경의 눈이 볼 것이며 (사 29:18).

지금은 어둡고 캄캄한 시대입니다. 종들이 주인을 의식하고 종의 길을 가는 것이 아니고 명예를 따르는 길을 택하고 있으며, 길을 잃어 버린 자가 헤매면서도 길을 잃어 버린 것도 모르는 소경의 시대입니다. 이런 캄캄한 시대를 바라보는 하나님의 심정으로, 죽어 가는 저들에게 생명의 빛을 비추고 그들을 그리스도의 사랑으로 이끄는 책이 나와서 참으로 기쁩니다.

이번에 출간되는 '성경의 비밀Ⅱ(하나님나라 건설)'에서는 창세기 3장 15절에 나오는 여자의 후손과 뱀(사탄)의 후손의 영적 전쟁을 통해 하나님나라가 건설되어 가는 성경의 비밀을 잘 드러내 주고 있습니다.

메시야의 사역은 구원 사역뿐만 아니라 하나님의 대적자인 사탄과 그의 추종자들과의 영적 싸움이기도 합니다. 이런 영적 싸움에서 인간의 위치와 역할을 바르게 규명해 주는 책이 바로 이번 책입니다.

이 책은 그 누구도 의식하지 않고 오직 하나님께만 집중하여 그분의 사랑만 다시 한 번 확증되는 글이며, 많은 이들이 얼른 어두움에서 빠져나오기를 간절히 소망하는 글입니다. 이 책을 통해 많은 영혼들이 어두움에서 빛으로 나오기를 기대하면서 기쁘게 추천합니다.

원주교회 함재홍 목사

우리는 그리스도 안에서
그의 은혜의 풍성함을 따라
그의 피로 말미암아 속량 곧 죄 사함을 받았느니라
에베소서 1장 7절

들어가는 글

　현대의 많은 그리스도인이 신앙생활하면서 성경을 읽어야 한다는 것을 당연하게 여기면서도 성경을 읽는 것에 대한 부담을 많이 느낍니다. 그 이유는 개인마다 다르겠지만 대개는 성경의 분량과 내용의 방대함 때문에 읽기에 부담을 느끼고, 읽더라도 어렵게 느껴지고 이해가 잘 안되니 끝까지 읽어나가지 못하는 것입니다. 그렇다고 해서 성경을 읽지 않거나 공부하지 않는다면 우리는 하나님께서 우리에게 베푸시고자 하는 엄청난 일과 계획을 알 수가 없게 됩니다. 성경에 기록된 하나님의 뜻을 올바르게 깨달을 때야 비로소 우리는 하나님이 원하시는 온전한 순종을 이룰 수 있습니다.

　이를 위해 하나님은 하나님이 계획하고 예정하신 뜻을 먼저 그 종들을 통해 말씀하시고 성경에 기록하게 하셨습니다. 그 내용은 하나님과 예수님에 관한 것으로써 이 세상에 사는 신자나 불신자 모두가 반드시 알아야 할 내용입니다. 특히 앞으로 일어날 일들에 대해서 알지 못한다면 엄청난 후회 속에 살 게 될 것입니다.

　본서는 성경 내용에 대해 큰 숲을 보듯 전체적인 시각으로 이야기를 전개하고 있습니다. 본서에서 말하고자 하는 내용을 완전히 숙지한다면 앞으로 그 어떤 비진리와 다른 복음, 이단들의 공격에도 분별력을 잃지 않게 될 것입니다.

본서는 철저하게 성경 말씀을 기준으로 배우고 깨달은 내용을 기술한 것으로, 신학적으로는 다양한 이견이 있을 수 있음을 인정합니다. 행여 기독교 교리를 벗어난 내용이 있다면 언제든지 말씀해 주시면 반영하도록 하겠습니다.

부탁드리고 싶은 것은, 본서를 끝까지 정독하기 전까지는, 편견을 가지지 않고 '저자의 견해는 이렇구나… 이렇게 해석할 수도 있겠구나…' 정도로 생각해 주시면 좋겠습니다. 전체적인 평가는 책을 다 읽으신 다음 해주시기를 부탁드립니다. 특히, 미래에 일어날 일들에 대해 요한이 기록한 계시록의 해석에 대한 견해는 순전히 필자의 소견임을 밝힙니다. 하지만 철저하게 성경 말씀에 있는 내용을 근거로 기록했으며 대부분은 우리들이 익히 아는 내용입니다. 반복되는 내용과 성경 구절은 강조하기 위함이며 본서에서 전하고자 하는 핵심입니다.

한국 속담에 '구슬이 서 말이라도 꿰어야 보배다'라는 말이 있습니다. 이 속담은 '아무리 훌륭하고 좋은 것이라도 다듬고 정리하여 쓸모 있게 만들어 놓아야 값어치가 있음'을 비유적으로 이르는 말입니다. 깨우친 내용을 잘 정리하여 구슬을 잘 꿰듯이, 성경의 퍼즐을 잘 맞추고 흩어져 있는 말씀을 잘 연결해서 보배가 되도록 최선을 다해 기록한 책입니다. 분명히 성령님께서 독자들의 마음에 깨달음을 주시리라 믿습니다.

필자가 이미 경험했고 분명히 말씀드릴 수 있는 사실은, 이 책의 내용을 처음부터 끝까지 온전히 다 이해한다면, 앞으로 어떤 비진리로부터의 공격에도 분별력을 갖고 자유하게 되리라는 것입니다.

책의 상당 부분은 성령님께서 주신 깨달음입니다. 그리고 지금까지 신앙생활을 하면서 배움을 주신 많은 분의 가르침과 각종 서적을 통해 배운 지식을 기록한 것입니다. 그동안 배운 지식이 누구에 의한 것인지 기억나지 않는 부분도 있으며, 인터넷을 검색하면서 얻은 지식도 일부 있음을 말씀드립니다. 하지만 무엇보다 이 모든 것은 성령님께서 깨닫게 해주셔서 기록한 것임을 밝힙니다.

성경의 비밀 1권(예수 그리스도를 통해 드러나다)에서는 눈으로 보이는 성경의 비밀이 이 땅에서 예수 그리스도를 통해서 어떻게 드러나게 되었는지의 내용을 역사의 시간적 순서로 기록했습니다. 그리고 본서는 성경의 비밀(하나님나라 건설)이 눈으로 보이지 않는 영의 세계에서 어떻게 드러났고 앞으로 어떻게 이루어질 것인지에 대한 내용을 성경의 시간적인 순서대로 기록하였습니다.

본서를 읽는 동안 성삼위일체 하나님께서 독자 여러분들에게 지혜와 계시의 영을 주셔서 하나님의 비밀인 그리스도를 통해 하나님나라 건설을 어떻게 이루어 나가시는지를 확실히 깨닫게 해주실 것을 기대합니다.

> 우리 주 예수 그리스도의 하나님 영광의 아버지께서 지혜와 계시의 영을 너희에게 주사 하나님을 알게 하시고 (엡 1:17).

> 이는 그들로 마음에 위안을 받고 사랑 안에서 연합하여 확실한 이해의 모든 풍성함과 하나님의 비밀인 그리스도를 깨닫게 하려 함이니 그 안에는 지혜와 지식의 모든 보화가 감추어져 있느니라 (골 2:2~3).

차례

추천사 ··· 5

Prologue 들어가는 글 ··· 9

1부   하나님나라 건설 시작

Chapter 01 하나님은 어떤 분이신가? ··· 24

　　　　스스로 존재하시는 하나님 ··· 26

　　　　하나님의 이름 ··· 30

　　　　영과 말씀으로 계심 ··· 31

　　　　성령, 성자, 성부 삼위일체 하나님 ··· 35

　　　　성자, 성령, 성부 하나님은 동등하심 ··· 36

　　　　하나님의 속성 ··· 37

　　　　우리가 믿는 삼위일체 하나님 ··· 40

Chapter 02 영의 세계 창조와 첫 번째 피조물 ··· 42

　　　　첫 번째 피조물 천사 창조 ··· 43

　　　　천사 창조의 목적 ··· 45

　　　　완전하게 창조된 천사 ··· 46

지혜와 능력이 있는 천사 ⋯ 46

무수히 많은 천사 창조 ⋯ 47

천사들의 처소(거처) ⋯ 47

우주만물 창조 이전에 천사 창조 ⋯ 48

Chapter 03 루시퍼 천사장의 타락과 천사들의 반역 ⋯ 49

루시퍼의 직위 ⋯ 49

루시퍼의 다스리는 권세 ⋯ 50

반역의 마음을 품음 ⋯ 51

반역에 가담한 천사들 ⋯ 52

반역의 생각을 아시는 하나님 ⋯ 55

쫓겨난 루시퍼와 그 부하 천사들 ⋯ 56

사탄의 3대 범죄 ⋯ 56

Chapter 04 타락한 천사들을 쫓아낼 곳, 흑암 창조 ⋯ 60

Chapter 05 범죄한 천사들을 흑암으로 쫓아냄 (하늘에서 쫓겨남) ⋯ 61

범죄한 천사들을 심판 때까지 흑암에 가둠 ⋯ 61

루시퍼는 사탄, 옛 뱀, 마귀, 용이라고 불림 ⋯ 63

영원한 형벌 장소인 '불 못 지옥' 준비 ⋯ 64

Chapter 06 흑암에 우주만물을 창조 … 65

Chapter 07 선악을 알게 하는 나무의 실과 … 68

에덴동산과 두 나무 … 68

선악을 알게 하는 나무 … 69

범죄한 아담 … 69

원시 복음 … 72

반드시 죽으리라! 누가 죽는가? … 73

왜? 선악을 알게 하는 나무를 만드셨나? … 76

Chapter 08 아브라함과 이스라엘 선택 … 80

택하심과 부르심과 약속하심 … 81

믿음과 순종 … 82

만민 앞에 축복의 모델 … 84

여자의 후손이 오시는 통로 … 86

선택과 믿음으로 구원을 받고 상속자가 됨 … 87

Chapter 09 하나님과 사탄과 사람 … 89

하나님과 사람과 사탄 … 89

하나님과 사탄과 욥 … 92

하나님나라 건설을 방해하려는 사탄의 전략 … 99

2부   하나님나라 선포

Chapter 10 구세주(구원자, 그리스도, 메시야) … 110

구약의 구세주에 대한 예언 … 112

구약에 나타난 구세주의 예표 … 112

구약에 나타난 예수 그리스도의 상징 인물 … 120

Chapter 11 구세주의 탄생과 사역 … 125

예수 그리스도의 탄생 … 126

사탄의 시험 … 128

하나님나라 선포 … 132

인간 구원(사람으로서) … 136

마귀 진멸(신으로서) … 138

Chapter 12 십자가에서 다 이루심 … 142

십자가에서 죽으심 … 143

사탄의 불법이 드러나게 함 … 147

Chapter 13 부활과 승천 … 149

부활하신 예수 … 150

승천하신 예수 … 154

'예수'라는 이름을 남기심 ⋯ 156

보좌 우편에 앉으심 ⋯ 158

성령을 보내심 ⋯ 160

자녀들의 처소를 예비하심 ⋯ 162

중보기도 하심 ⋯ 163

Chapter 14 제자들의 사역 ⋯ 164

성령을 받음 ⋯ 165

그리스도 예수의 증인 ⋯ 166

하나님나라 확장 ⋯ 168

교회 ⋯ 169

예수님과 사탄과 사람 ⋯ 173

Chapter 15 그리스도인의 신앙생활 ⋯ 179

제자로서의 삶 ⋯ 180

예수님을 닮아가는 삶 ⋯ 183

온전하게 사는 삶 ⋯ 184

주인을 바꾸는 삶 ⋯ 185

그리스도인의 정체성 발견 ⋯ 187

Chapter 16 예수 그리스도의 재림 ⋯ 191

재림하실 예수 하나님 … 192

죽은 자의 부활 … 197

살아 있는 자의 변화와 휴거 … 198

재림의 징조 … 198

Chapter 17 큰 환란 … 205

환란 중 휴거 … 206

인 맞지 못한 자의 환란 … 206

천년왕국 … 208

Chapter 18 하나님의 공의로운 심판 … 211

영생 구원 … 212

영원 영벌 … 214

3부   하나님나라 건설 완성

Chapter 19 새 하늘과 새 땅 … 218

Epilogue 덧붙이는 글 … 222

자녀들은 혈과 육에 속하였으매
그도 또한 같은 모양으로 혈과 육을 함께 지니심은
죽음을 통하여 죽음의 세력을 잡은 자 곧 마귀를 멸하시며
또 죽기를 무서워하므로 한평생 매여
종 노릇 하는 모든 자들을 놓아 주려 하심이니
이는 확실히 천사들을 붙들어 주려 하심이 아니요
오직 아브라함의 자손을 붙들어 주려 하심이라

히브리서 2장 14절 ~ 15절

1부
하나님나라 건설 시작

선악을 알게 하는 나무의 열매는 먹지 말라
네가 먹는 날에는 반드시 죽으리라
창세기 2장 17절

1부 하나님나라 건설 시작

　성경에는 감추어져 있는 비밀이 많이 있는데, 그 비밀이 때가 되어 알려진 것들도 있고, 아직 감추어져 있는 것들도 있다. 아직 감추어져 있는 비밀 중 하나가 바로 하나님나라 건설에 대한 내용이다. 하나님은 하나님나라 건설을 어떻게 이루어 가실 것인지에 대해 성경 곳곳에 조금씩 감추어 두셨다. 하나님나라의 건설이 어떻게 시작되었고, 어떻게 진행되어가고 있으며, 앞으로 어떻게 완성될 것인지에 대해 성경 말씀 가운데 숨겨 두셨다.

　하나님은 숨겨진 영적 진리를 우리들에게 알려주시기 위해, 이 세상의 것들을 통해서 부분적으로 알 수 있도록 하셨는데, 그것은 비유를 통해서, 그리고 세상을 살아가는 우리들의 일상의 삶을 통해 나타내셨다. 예를 들어 '천국은 마치 밭에 감추인 보화와 같다.', '천국은 침노하는 자의 것이다.', 또 탕자의 비유를 통해서 아버지의 사랑을 보여주셨고, 육신의 아버지와 아들의 관계성을 통해 성부 하나님과 성자 하나님의 관계를 알 수 있도록 하셨다.

　그렇다면 스스로 계신 하나님께서 천지를 왜? 창조하셨으며, 구세주가 왜? 와야 하며, 세상의 끝에는 무슨 일이 있을 것인지에 대해서는 어떻게 알 수 있을까? 창세기 1장 1절에서 '태초에 하나님께서 우주만물을 창조했다'고 기록하고 있다. 그러면, '태초 이전에는 과연 무엇이 있었는가?'라는 의문이 생긴다.

물리적인 시간을 일직선으로 표시하면, 영원 이전과 과거, 현재, 미래, 영원 이후라는 시간으로 표시할 수 있을 것이다. 그리고 과거의 어느 시점인 태초에 지금의 우주가 창조되었다.

현대의 과학자들은 지구의 나이를 약 46억 년(측정방법 : 우라늄238등의 반감기) 정도라고 하고, 창조과학자들은 약 6천 년이라고 한다. 신학적 차이는 있겠지만, 성경을 자세히 보면 6천 년이 훨씬 더 된다는 것을 알 수 있다. 창세기 1, 2장에서의 '하루'는 지금의 물리적인 하루의 시간과는 차이가 있다. 이에 대한 근거는 창세기 2장 19절~20절에 아담이 이름을 짓게 되는데, 모든 생명체의 이름을 지금의 '하루'라는 물리적인 시간에 짓기는 쉽지 않았다고 생각하기 때문이다.

그리고 또 하나의 단서는 아담의 갈빗대로 하와가 창조되는데, 하와가 창조된 날은 여섯째 날이다. 즉, 여섯째 날에 하나님께서는 땅의 생물을 창조하시고, 아담으로 하여금 이름을 짓게 하시고, 마지막 피조물인 하와를 창조하셨기 때문이다.

또 성경을 읽으면서 성경의 처음인 창세기 1장 1절~3절의 내용을 잘못 이해하고 있는 이들이 많이 있다. 하나님이 우주를 창조하실 때, 맨 처음 창조한 것이 '빛'이라고 알고 있는 것이다. 그러나 성경을 자세히 읽어보면 빛을 창조하기 이전에 '물'과 '흑암'이 먼저 창조되었음을 알 수 있다.

태초에 하나님이 천지를 창조하시니라 땅이 혼돈하고 공허하며 흑암이 깊음

위에 있고 하나님의 영은 수면 위에 운행하시니라 하나님이 이르시되 빛이 있
으라 하시니 빛이 있었고 (창 1:1~3).

현재 우리가 살고 있는 시점이 있고, 과거의 어느 특정 시점(태초)에 하
나님은 우주만물을 창조하셨다. 하나님이 우주만물을 창조하실 때 본 사
람은 아무도 없다. 그러나 하나님은 태초의 사람 아담에게 천지창조의 기
원을 알려주셨고, 그 이후에도 하나님의 사람들에게 계시를 통해서 알려
주셨다.

그 대표적인 예가 욥기에 기록되어 있다. 욥기 26장 7절에는 "그는 북쪽
을 허공에 펴시며 땅을 아무것도 없는 곳에 매다시며" 라고 기록하고 있
다. 욥은, 대략 BC 500~1,000년경에 산 것으로 추정되는 인물이다. 그
당시의 과학기술로는 '지구가 공중에 매달려 있다'고 말하는 것은 불가
능한 일이다. 지구가 우주공간에 떠 있는 것을 하나님이 알려주시지 않는
이상은 알 수 없었을 것이다. 이사야도 땅 전체를 본 적이 없지만, 이사야
40장 22절에서 '땅이 둥글다'고 기록하고 있다. 이사야 선지자도 하나님
께서 알려주셨기에 땅이 둥글다는 사실을 인식하고 성경을 기록한 것이
다.

It is He who sits above the circle of the earth. (사 40:20 - NKJV)

그는 땅 위 궁창에 앉으시나니 땅에 사는 사람들은 메뚜기 같으니라 그가 하늘
을 차일같이 펴셨으며 거주할 천막같이 치셨고 (사 40:22).

그렇다면, 성경에서는 우주를 창조하기 이전의 시간을 어떻게 표현하고
있을까? '영원과 영원 전'이라는 시간의 개념으로 기록하고 있다.

산이 생기기 전 땅과 세계도 주께서 조성하시기 전 곧 영원부터 영원까지 주는 하나님이시니이다 (시 90:2).

영생의 소망을 위함이라 이 영생은 거짓이 없으신 하나님이 영원 전부터 약속하신 것인데 (딛 1:2).

하나님이 우리를 구원하사 거룩하신 소명으로 부르심은 우리의 행위대로 하심이 아니요 오직 자기의 뜻과 영원 전부터 그리스도 예수 안에서 우리에게 주신 은혜대로 하심이라 (딤후 1:9).

하나님은 과거의 어느 특정 시점에 흑암과 땅과 물과 그리고 빛을 창조하시면서 만물을 창조하시기 시작하셨다.

하나님은 우리 눈으로 보이는 세계와 보이지 않는 세계 모두를 창조하셨다. 보이지 않는 영의 세계뿐만 아니라 기쁨, 사랑, 인내, 용서, 소망 등도 눈에 보이지 않지만 하나님의 창조물이다.

만물이 그에게서 창조되되 하늘과 땅에서 보이는 것들과 보이지 않는 것들과 혹은 왕권들이나 주권들이나 통치자들이나 권세들이나 만물이 다 그로 말미암고 그를 위하여 창조되었고 (골 1:16).

우주만물은 분명히 하나님이 창조하셨다. 하나님은 우주만물 창조 이전부터 하나님나라 건설을 위한 계획을 차근차근 진행하고 계셨고 우주만물의 창조는 하나님나라를 완성하기 위한 과정 중의 하나였다.

Chapter 01
하나님은 어떤 분이신가?

'하나님은 어떤 분이신가?' 라는 질문을 받는다면 어떻게 대답해 주어야 할까?

우리는 사람이나 사물에 대한 정보를 알려고 하거나 누군가에게 설명해 주어야 할 때 꼭 필요하고 중요한 정보와 그다지 중요하지 않은 정보를 구분할 필요가 있다.

예를 들어 자녀가 결혼을 약속하고 진지하게 만나는 이성친구가 있다는 말을 부모가 듣고, 당사자인 자녀에게 궁금해서 물어본다면 외모, 학벌, 직장, 경제적인 능력, 성격 등 어떤 것이 가장 궁금할까? 사람마다 궁금한 것이 다르겠지만, 아무래도 자신에게 가장 중요한 관심사부터 물어보게 될 것이다. 물론 소개하려는 쪽도 마찬가지로 상대방이 궁금해 하는 중요한 관심사나 아니면 자신이 중요하게 생각하는 정보부터 소개하게 될 것이다.

하나님에 대한 소개도 마찬가지가 아닐까 싶다. 지금부터 소개하려는 하나님이라는 신은 사람들이 평소 궁금해하는 관심사일 수도 있고 아닐 수도 있다.

하나님에 대해서는 우리가 글로 다 표현할 수 없겠지만 하나님나라 건설의 관점에서 하나님이 어떤 분이신지 본다면, 하나님은 하나님나라 건설을 위해 태초 이전부터 계획하고 실행하고 계시다는 것을 알 수 있다.

그러나 사탄은 하나님나라 건설을 방해하기 위해 여자의 후손으로 오시는 구세주가 탄생하지 못하도록 천지창조 이후부터 계속해서 방해를 시도했다. 사탄은 광명한 천사였기에 매우 지혜로운 존재이다. 그러나 하나님께서 비밀로 감추어 둔 것은 때가 이르기 전에는 사탄도 알 수가 없다. 그래서 사탄은 하나님나라 건설의 가장 핵심인 구세주의 탄생만 저지하면 자신이 승리한다고 생각하고 인간들의 배후에서 구세주가 세상에 오지 못하도록 계략과 음모와 세상의 권세를 이용해 막았다.

사탄이 잠시잠깐 승리한 것처럼 보였지만 전지전능하신 하나님은 승리한 것처럼 보이는 사탄의 계략을 도리어 하나님나라 건설의 도구로 사용하셨다. 그리고 마침내 하나님나라 건설이 이 땅에서 보이도록 예수 그리스도를 탄생시키셨다.

이제 사탄은 전략을 다시 수정해야만 했다. 구세주가 세상에 오시지 못하도록 방해하는 전략에서 예수님이 구세주가 되지 못하도록 하는 전략으로 말이다. 그래서 예수님께 온갖 시험을 하고 방해를 하게 되지만 인간의 육체로 오신 예수님께서는 하나님 아버지의 도우심으로 사탄의 계략과 공격을 지혜롭게 헤쳐나가시며 마침내 하나님 아버지의 뜻을 이루시게 된다.

사탄은 또 전략을 수정해야만 했다. 이제는 예수님을 죽이는 전략으로 수정했다. 그래서 종교지도자와 정치지도자들 배후에서 구세주이신 예수님을 마침내 죽이게 된다. 십자가에서 죽이는 일에 성공한 사탄은 자신의 승리를 장담하고 있었다. 그러나 예수 그리스도가 죽은 지 3일 만에 부활하는 청천벽력 같은 일이 벌어졌다. 하나님 아버지께서 예수님을 살리신 것이다.

> 이 예수를 하나님이 살리신지라 우리가 다 이 일에 증인이로다 (행 2:32).

사탄의 계략과 방해에도 불구하고 하나님은 아들이신 예수 그리스도를 통해 하나님나라 건설을 이루어가시고 우리는 그 일의 증인이 되어 우리도 하나님나라가 가까이 왔음을 전하고 있다. 이제 사탄은 예수 그리스도로 인해 하나님의 자녀가 된 우리 믿는 사람이 하나님나라 건설에 동참하지 못하도록 끊임없이 방해하는 전략을 취하고 있다. 그래서 하나님은 성령님을 보내셔서 우리가 하나님나라 건설에 동참할 수 있도록 도와주고 인도해 주신다. 전지전능하신 하나님은 하나님나라 건설을 위해 그 누구의 방해에도 불구하고 하나님의 계획하신 일을 성취하시는 분이시다.

스스로 존재하시는 하나님

하나님은 어떤 분이시며, 언제부터 존재하셨는가? 존재론적으로 하나님은 '영(靈, Spirit)'이시며, 삼위일체로 존재하는 유일한 신(唯一神 only God)이시다.

> 이스라엘아 들으라 우리 하나님 여호와는 오직 유일한 여호와이시니 (신 6:4).

여기서 유일신(唯一神)을 수로써 한 분이라고 생각하지 않기 위해서 '오직'을 강조한 것에 주목해야 한다. 하나님의 유일성을 강조하기 위함이다. 하나님이 유일하시다는 것은 그 어떤 것이든 하나님과 동등한 것이 없다는 것을 의미한다. 다른 것을 신으로 부를지는 모르나 그것은 참 신이 아니라 우상에 지나지 않는다.

> 영생은 곧 유일하신 참 하나님과 그가 보내신 자 예수 그리스도를 아는 것이니이다 (요 17:3).

> 그러므로 우상의 제물을 먹는 일에 대하여는 우리가 우상은 세상에 아무 것도 아니며 또한 하나님은 한 분밖에 없는 줄 아노라 비록 하늘에나 땅에나 신이라 불리는 자가 있어 많은 신과 많은 주가 있으나 그러나 우리에게는 한 하나님 곧 아버지가 계시니 만물이 그에게서 났고 우리도 그를 위하여 있고 또한 한 주 예수 그리스도께서 계시니 만물이 그로 말미암고 우리도 그로 말미암아 있느니라 (고전 8:4~6).

하나님이 유일신이라는 말은, 하나님만이 유일한 신이라는 말이요, 하나님만이 참 신이요, 하나님 외에는 다른 신이 없다는 뜻이다. 그런데 이 세상에는 각 나라와 민족 그리고 개인마다 믿는 신들이 수없이 많지 않은가? 물론 이 세상에는 셀 수 없을 정도로 많은 신이 있다고 한다. '그러면 누가 참 신인가? 신이 있기는 한가?'라고 반문할 수도 있다. 여기에서 신이 없다고 주장하는 무신론이나 신이 존재한다 할지라도 알 수 없다는 불가지론에 대한 변증은 여기서 생략하기로 한다.

신은 피조물보다 먼저 스스로 존재해야 한다. 신은 누가 낳거나 만들거나 상상 속에 존재해서는 안 된다. 신이 신을 낳거나 만들었다면 그는 참 신이 아니다. 왜냐하면 그 신을 낳거나 만든 신이 참 신이 될 것이고 태어나거나 만들어진 신은 열등한 신이 되기 때문이다. 없는 신을 인간이 상상으로 만들어 낸 것은 가짜 신이다. 오히려 상상으로 그 신을 만들어낸 인간이 신을 상상으로 만든 존재가 되므로 인간이 신의 위치에 서게 되는 것이다. 그러므로 신은 스스로 존재해야 한다는 결론이 된다.

> 하나님이 모세에게 이르시되 나는 스스로 있는 자이니라 또 이르시되 너는 이스라엘 자손에게 이같이 이르기를 스스로 있는 자가 나(모세)를 너희에게 보내셨다 하라 (출 3:14).

　신은 창조주이어야 한다. 신이 만일 존재하긴 하는데 있는지 없는지 알 수 없다면 그 신은 존재하지 않는 것이나 다름없는 것이다. 사람은 신이 아니고 신이 만든 피조물이라면, 신은 이 세상과 인간을 만드신 분이어야 하며, 신은 이 세상과 인간을 창조한 목적대로 계속해서 이 세상을 섭리하시고 다스려야 할 것이다.

> 내가 땅을 만들고 그 위에 사람을 창조하였으며 내가 내 손으로 하늘을 펴고 하늘의 모든 군대에게 명령하였노라 (사 45:12).

　신은 죽지 않고 영원히 살며 전지전능해야 한다. 신이 인간보다 나아야지 인간만 못해서야 어찌 신이라고 할 수 있겠는가? 못할 것 전혀 없는 신이지만 신에게 없는 것 세 가지를 들라고 한다면 그것은 '거짓'과 '죽음', '죄'라고 할 수 있다.
　그러므로 이 세상에서 수많은 신들을 이야기 한다 할지라도, 이런 조건을 만족시키는 신이 있는가? 하나님 외에는 아무도 없다. 하나님만이 이 세상에서 유일한 참 신이시다. 그런데 그 유일하신 하나님은 성부, 성자,

성령 삼위일체 하나님으로 존재하신다.

> 이것을 네게 나타내심은 여호와는 하나님이시오 그 외에는 다른 신이 없음을 네게 알게 하려 하심이니라 (신 4:35).

> 그런즉 너는 오늘 위로 하늘에나 아래로 땅에 오직 여호와는 하나님이시오 다른 신이 없는 줄을 알아 명심하고 (신 4:39).

> 너희는 두려워하지 말며 겁내지 말라 내가 예로부터 너희에게 듣게 하지 아니하였느냐 알리지 아니하였느냐 너희는 나의 증인이라 나 외에 신이 있겠느냐 과연 반석은 없나니 다른 신이 있음을 내가 알지 못하노라 (사 44:8).

따라서 피조물인 인간은 우리를 창조하신 창조주 하나님이 어떤 분이신가를 잘 알아야 한다. 하나님이 어떤 분이신지 성경은 여러 가지로 잘 묘사하고 있다.

하나님에 대한 지식이 없으면 잘못된 길로 갈 수 있기에 성경을 많이 읽고 묵상하는 가운데 하나님이 원하는 삶이 무엇인지 잘 알아서 자녀다운 삶을 살아야 한다. 하나님의 성품을 제대로 알아야 오해를 없애고 하나님을 잘 의지하고 순종하면서 믿을 수 있다.

> 내 백성이 지식이 없으므로 망하는도다 (호 4:6).

우리는 하나님을 아는 지식이 있어야 한다. 성경은 여러 곳에서 창조주 하나님을 올바로 알아야 한다고 강조하고 있고, 심지어 하나님을 알아야 영생을 얻을 수 있다고 전한다. 그리고 하나님에 대한 지식을 자녀들에게 가르쳐 실천하게 하라고 말씀하신다.

예수께서 대답하여 이르시되 너희가 성경도 하나님의 능력도 알지 못하는 고
로 오해하였도다 (마 22:29).

네가 호렙 산에서 네 하나님 여호와 앞에 섰던 날에 여호와께서 내게 이르시기
를 나에게 백성을 모으라 내가 그들에게 내 말을 들려주어 그들이 세상에 사는
날 동안 나를 경외함을 배우게 하며 그 자녀에게 가르치게 하리라 하시매 (신
4:10).

하나님의 이름

사물이나 사람을 다른 사람에게 소개하려 할 때 명칭이나 이름이 없다
면 그것이 무엇인지 그가 누구인지 알 수 없을 것이다. 그게 뭔데? 그가
누군데? 그저 답답할 것이다. 하나님은 스스로 존재하는 신으로, 하나님
에게도 이름이 있다. 구약성경에서는 대표적으로 창조와 능력의 하나님
을 뜻하는 '엘로힘', 영원 지존자로 만물을 창조하신 분이라는 '여호와',
모든 것의 주인이신 지존의 하나님이라는 '아도나이', 영원불변 전능하신
하나님을 뜻하는 '엘 샤다이'가 나와 있다.

신약성경에는 전지전능하신 하나님을 뜻하는 '데오스', 생명의 주인이
신 하나님을 가리키는 '큐리오스', 영혼의 아버지이신 하나님을 뜻하는
'아바 아버지(Father)', 만물의 주인이며 생명의 소유권을 가진 주인이라
는 뜻의 '주님(Lord)', 성자 하나님으로서 여호와 하나님의 구원을 뜻하는
'예수', 기름부음 받은 자라는 뜻인 '그리스도', 하나님의 독생자를 뜻하는
'하나님의 아들', 사람의 몸을 입고 오신 분이라는 뜻인 '인자', 성령으로
오신 하나님을 뜻하는 '하나님의 영', '예수 그리스도의 영', '보혜사', '진

리의 영' 등의 이름이 나타나 있다. 하나님은 이러한 하나님의 이름을 망령되게 부르지 말라고 하셨다.

> 너는 네 하나님 여호와의 이름을 망령되게 부르지 말라 여호와는 그의 이름을 망령되게 부르는 자를 죄 없다 하지 아니하리라 (출 20:7).

성자 하나님 예수 그리스도는 지상사역을 모두 마치시고 사탄과의 싸움에서 승리하시고 승천하실 때 예수라는 이름을 남겨 주셨다. 우리는 그 이름을 망령되이 부르지 말고 구원받아 신앙생활에 유익하고 복이 되도록 예수님의 이름을 거룩하고 능력 있게 잘 사용해야 한다.

영과 말씀으로 계심

삼위 하나님은 영과 말씀으로 계셨다. 하나님은 육체를 가지고 있지 않고 영으로 계신다.

> 하나님은 영이시니 예배하는 자가 영과 진리로 예배할지니라 (요 4:24).

'하나님은 영이시라'는 것은 하나님이 물질적 요소를 지니지 않은 영적인 존재자라는 뜻이다. 하나님이 영이시라 함은 하나님의 어떤 속성 중 하나를 뜻하는 것이 아니라 하나님의 존재 방법으로써 그분의 본질을 의미하고 있는 것이다. 참고로 천사나 사탄도 영적인 존재이나 하나님의 피조물로서의 영적인 존재이다. 사람은 하나님께서 흙으로 몸을 만들고 코에 생기를 불어 넣어 영혼과 육체로 만든 존재다.

영이 눈에 보이는 물질은 아니지만 분명 존재하고 활동하고 있다. 사람의 눈에 보이지 않을지라도 존재하지 않거나 죽은 하나님이 아니라 살아계신 하나님이시다. 그런데 성경에는 하나님이 물질적인 존재로 표현되어진 것을 많이 볼 수 있는데 그것은 하나님이 영이시지만 활동하고 계신다는 것을 비유적으로 표현하고 있는 것이다. 즉 하나님은 살아서 활동하는 존재자이심을 의미하고 있다.

태초에 성자 하나님이신 예수님은 '말씀'으로 계셨다.

> 태초에 말씀이 계시니라 이 말씀이 하나님과 함께 계셨으니 이 말씀은 곧 하나님이시니라 (요 1:1).

> 말씀이 육신이 되어 우리 가운데 거하시매 우리가 그의 영광을 보니 아버지의 독생자의 영광이요 은혜와 진리가 충만하더라 (요 1:14).

성자 하나님은 보이는 하나님으로 육신을 가지고 이 땅에 오셨다. 하지만 '문O명', '붓다', '공자', '마OO트', '안O홍', '이O희'라는 이름으로 오신 적이 결코 없다.

> 다른 이로써는 구원을 받을 수 없나니 천하사람 중에 구원을 받을 만한 다른 이름을 우리에게 주신 일이 없음이라 하였더라 (행 4:12).

> 아들을 낳으리니 이름을 예수라 하라 이는 그가 자기 백성을 그들의 죄에서 원할 자이심이라 하니라 (마 1:21).

성자 하나님은 영원 전부터 하늘에서 말씀으로 계시다가, 2천여 년 전에 이스라엘 땅에서 육체의 몸을 가지고 '예수'라는 이름으로 태어나셔서 사람들과 똑같이 먹고 마시고, 때로는 피곤해서 잠을 자기도 하시고, 사랑하는 사람 나사로의 죽음을 슬퍼하시며 울기도 하시고, 이스라엘 백성의 돈벌이 수단으로 전락한 성전 제사 예배로 인해 분통해 하고 진노하기도 하셨으며, 메시야로서 공생애의 삶을 살다가 십자가에서 죽으셨다. 그리고 능력으로 다시 살아나셔서 원래 계셨던 하나님나라로 가셨다. 그리고 반드시 다시 오실 것이라고 약속하셨다. 전설이나 우화가 아니라 실제로 있었던 역사적인 사실이다.

> 예수께서 이르시되 네가 말하였느니라 그러나 내가 너희에게 이르노니 이후에 인자가 권능의 우편에 앉아 있는 것과 하늘 구름을 타고 오는 것을 너희가 보리라 하시니 (마 26:64).

스데반이라는 사람은 예수님이 구세주이심을 전하다가 유대인들에게 돌에 맞아 죽게 되었다. 죽기 직전에 성령이 충만하여 예수님이 하나님의 우편에 서 계신 것을 목격하였다.

> 스데반이 성령 충만하여 하늘을 우러러 주목하여 하나님의 영광과 및 예수께서 하나님 우편에 서신 것을 보고 (행 7:55).

다른 여러 제자들도 예수님이 하나님 우편에 앉아 계심을 증거하고 있다.

> 이는 하나님의 영광의 광채시요 그 본체의 형상이시라 그의 능력의 말씀으로 만물을 붙드시며 죄를 정결하게 하는 일을 하시고 높은 곳에 계신 지극히 크신 이의 우편에 앉으셨느니라 (히 1:3).

그리고 더 중요한 사실은 재림하겠다고 예언하셨지만, 아직까지 재림하시지 않으셨다는 것이다. 많은 이단들이 그리스도가 이미 재림했다고 주장하지만, 성경에 비추어 볼 때 이는 결코 맞지 않은 주장이다. 이에 대한 근거는 뒷부분에서 다루고 있다.

성령 하나님은 우리 안에 영으로 계신다. 예수님께서는 죽으시기 전에 유언으로 성령님에 대해서 말씀하셨고, 그분을 보내 주겠다고 약속하셨다. 그리고 그분은 오순절에 오셔서 지금도 우리와 함께 계신다.

> 그러나 내가 너희에게 실상을 말하노니 내가 떠나가는 것이 너희에게 유익이라 내가 떠나가지 아니하면 보혜사가 너희에게로 오시지 아니할 것이요 가면 내가 그를 너희에게로 보내리니 (요 16:7).

성령 하나님은 영으로 계시면서 우리가 예수님이 구세주임을 믿고 거듭나서 구원받을 수 있도록 도와주셨고 지금도 우리와 늘 함께 계시면서 우리를 위해 중보하고 계신다.

> 그러므로 내가 너희에게 알리노니 하나님의 영으로 말하는 자는 누구든지 예수를 저주할 자라 하지 아니하고 또 성령으로 아니하고는 누구든지 예수를 주시라 할 수 없느니라 (고전 12:3).

> 우리 안에 거하시는 성령으로 말미암아 네게 부탁한 아름다운 것을 지키라 (딤후 1:14).

> 이와 같이 성령도 우리의 연약함을 도우시나니 우리는 마땅히 기도할 바를 알지 못하나 오직 성령이 말할 수 없는 탄식으로 우리를 위하여 친히 간구하시느니라 (롬 8:26).

성부 하나님은 영으로 계시면서 우주를 창조하셨고, 아들 예수님을 이 땅에 사람의 모습으로 보내셨다.

> 때가 차매 하나님이 그 아들을 보내사 여자에게서 나게 하시고 율법 아래 나게
> 하신 것은 (갈 4:4).

성령, 성자, 성부 삼위일체 하나님

삼위일체 하나님은 성부 하나님, 성자 하나님, 성령 하나님이시다. 성경
에는 삼위일체라는 단어가 직접적으로 언급되고 있지 않지만 삼위일체에
대한 사실적 증거들이 많이 나타나 있다. 하나님은 세 위격이 함께하시면
서 동등하시고 하나인 존재시다. 이것을 논리적으로 설명하기란 현재 사
용하고 있는 인간의 언어나 지식으로는 불가능하다. 세 위격으로 표현할
때는 성부 하나님, 성자 하나님 그리고 성령 하나님이라고 부른다. 이 삼
위일체라는 말도 인간의 생각과 언어 중에서 그나마 하나님을 가장 잘 표
현하는 단어일 것이다. 삼위일체의 성경적 근거는 성경의 여러 곳에서 찾
을 수 있다.

> 하나님이 이르시되 우리의 형상을 따라 우리의 모양대로 우리가 사람을 만들
> 고 그들로 바다의 물고기와 하늘의 새와 가축과 온 땅과 땅에 기는 모든 것을
> 다스리게 하자 하시고 (창 1:26).

> 여호와 하나님이 이르시되 보라 이 사람이 선악을 아는 일에 우리 중 하나같이
> 되었으니 그가 그의 손을 들어 생명나무 열매도 따먹고 영생할까 하노라 하시
> 고 (창 3:22).

하나님께서는 직접 '우리'라는 복수 단어를 언급하고 있음을 알 수 있다.

그러므로 너희는 가서 모든 민족을 제자로 삼아 아버지와 아들과 성령의 이름
으로 세례를 베풀고 (마 28:19).

또한, 다윗의 시편 110편 1절에서 성부, 성자를 기록했고, 이것을 훗날
마가는 성령에 감동되어 다윗이 시편을 기록했다고 인용하면서 삼위의
하나님이 존재하심을 간접적으로 언급했다.

여호와께서 내 주(성자)에게 말씀하시기를 내가 네(성자) 원수들로 네 발판이
되게 하기까지 너는 내(성부) 오른쪽에 앉아 있으라 하셨도다 (시 110:1).

다윗이 성령에 감동되어 친히 말하되 주께서 내 주께 이르시되 내가 네(성자)
원수를 네 발 아래에 둘 때까지 내(성부) 우편에 앉았으라 하셨도다 하였느니
라 (막 12:36).

우리가 믿는 신은, 성자, 성령, 성부 하나님이시다. 창세기 1장 1절의 하
나님은 '엘로힘(Elohim)'으로 기록되어 있다. 히브리어로 엘로힘은 단수
적복수의 개념으로 사용되었다. 단수적복수라는 개념의 언어는 우리나라
에서는 사용되지 않는 문법이다. 즉, '여럿이지만 한 분'이라는 의미이다.

성자, 성령, 성부 하나님은 동등하심

성자, 성령, 성부 하나님은 동등하시다. 삼위 하나님은 하나이시면서 동
등하시다.
성자 하나님이신 예수님은 사람이었는데 성령을 받고 하나님이 되신 것
이 아니라 원래 하나님이시다.

나(성자)와 아버지(성부)는 하나이니라 하신대 (요 10:30).

그(예수)는 근본 하나님(성부)의 본체시나 하나님과 동등됨을 취할 것으로 여기지 아니하시고 (빌 2:6).

성자, 성령, 성부 하나님 중에 어느 한 분이 먼저 계셨다면 제일 먼저 계셨던 분이 창조주가 될 것이고, 그 후에 계신 분들은 피조물이 될 것이다. 그러나 성령, 성자, 성부 하나님은 동시에 선재(先在: 먼저 존재함)하셨고, 영광과 권능, 속성 모든 것이 동등하시다.

킹제임스 성경과 표준새번역 성경에서는 다음과 같이 기록하고 있다.

하늘에 증언하는 세 분이 계시니 곧 아버지와 말씀(예수님)과 성령님이시라 또 이 세 분은 하나이시니라 (요일 5:7 – NKJV).

하늘에서 증언하시는 세 분이 계십니다 곧 아버지와 말씀(예수님)과 성령이십니다 이 셋은 하나이다 (요일 5:7 – 표준새번역).

하나님의 속성

속성이란 사물의 특징이나 성질을 말하는 것으로써, 하나님의 속성이란 하나님만의 고유한 모습을 말하는 것이다.

사람에게도 하나님이 가지고 있는 속성이 있는데, 사람은 지혜가 있으며, 일을 행할 수 있는 능력도 있고, 위대한 뜻을 가질 수 있고, 공평하게 판단할 수 있고, 마음이 어질고 자애로울 수 있으며, 진실할 수 있다. 물론 하나님처럼 능력이나 위대함이 있는 것은 아니다.

성경에 기록된 하나님의 모습은 인자하시며 진실과 거룩, 지혜, 능력이 많으시다. 영으로 스스로 존재하시며 무소부재(無所不在)하시며, 무한(無限)하며, 영원하며, 불변하시다. 하나님은 시작도 없고, 끝도 없으시며 영원하신 분이시다. 삼위의 인격이나 하나이시다. 모자람(필요한 것)이 없으시다. 모든 것을 아신다. 영으로 계시므로 물질로 된 형체가 없으시다. 시간과 장소에 구애받지 않고 언제 어디에나 존재하신다. 우주보다 크시며 모든 것보다 존귀하시다. 우주만물이 시작하기 전에 이미 계셨다.

반면에 인간은 태어나고 반드시 죽는 존재이다. 하나의 인격을 가지고 있다. 물, 공기, 음식, 잠, 빛, 보호 등이 필요하다. 교육이 필요하다. 물질로 된 형체를 가지고 있다. 특정시간에 한 장소에만 존재한다. 하나님의 권위 아래 있어야 하며, 하나님의 모든 말씀을 들어야 한다. 우주만물이 시작하기 전에는 존재하지 않았다.

그리고 천사(사탄)도 하나님에 의해 창조된 존재이다. 하나의 인격을 가지고 있다. 육체를 가지고 있지 않아 물, 공기 등이 필요하지 않지만 하나님을 의지해야 하는 존재이다. 사람보다 훨씬 지혜롭지만 하나님처럼 모든 것을 알지는 못한다. 영으로 존재하고 있다. 특정시간에 한 장소에만 존재할 수 있다. 하나님의 권위 아래 있어야 한다. 하나님의 모든 말씀에 순종해야 한다. 우주만물이 시작될 때 존재했으며, 우주 만물이 창조되는 것을 지켜보았다.

하나님의 속성 중에 아주 중요한 두 가지의 속성이 있는데 이 둘은 '공의'와 '사랑'이다. 하나님은 공의로우신 분임과 동시에 사랑이 많으신 분이시다.

오직 만군의 여호와는 정의로우시므로 높임을 받으시며 거룩하신 하나님은 공의로우시므로 거룩하다 일컬음을 받으시리니 (사 5:16).

하나님이 우리를 사랑하시는 사랑을 우리가 알고 믿었노니 하나님은 사랑이시라 사랑 안에 거하는 자는 하나님 안에 거하고 하나님도 그의 안에 거하시느니라 (요일 4:16).

　하나님의 많은 속성 중에서도 가장 중요한 속성은 공의와 사랑이라고 할 수 있을 것이다. 이 둘은 상충되는 성향이 있는 것으로 비춰진다. 우리의 삶 가운데서도 죄의 문제가 발생할 때 공의로 심판하느냐? 사랑으로 용서하느냐?의 문제로 늘 갈등하는 경우가 많다. 이와 같이 공의를 너무 강조하면 사랑이 없으신 하나님이 되고 사랑을 너무 강조하면 공의롭지 못한 하나님으로 비춰질 수 있기 때문이다.

　사탄은 거룩하신 하나님의 공의를 도리어 무기로 삼아 사람들을 심판하고 정죄의 도구로 사용하고 있다. 죄를 지으면 심판해야 하는 하나님의 공의로운 속성을 이용해 사탄은 사람들을 마구 휘두르고 있다. 사탄이 하나님의 공의의 편에 서서 사람들을 정죄하면 하나님도 어쩔 수 없을 것이라는 것이다. 만약, 죄 지은 사람을 심판하지 않으면 공의롭지 못한 하나님이 되기 때문이다. 그러나 사탄은 하나님을 크게 얕잡아 본 것이다. 전능하신 하나님은 죄인을 공의로 심판하시지만 사랑으로 결말을 맺도록 하신다. 성경에는 이러한 여러 사례가 있다. 아담이 범죄 함으로 수고의 고통을 주지만 구세주가 와서 마귀의 권세를 멸하는 엄청난 축복의 말씀도 주시고 하와가 범죄 했을 때 해산의 큰 고통을 주지만 열국의 어머니라는 엄청난 축복의 이름을 받게도 하신다.

우리가 믿는 삼위일체 하나님

삼위일체 하나님은 태초 이전부터 피조물인 사람을 하나님의 자녀로 삼기 위해, 우리 인간들이 상상하지 못할 엄청난 계획을 세우셨다. 이 일을 위해 삼위일체 하나님은 삼위로서의 역할을 나누셨다. 사람들이 이해하기 쉽도록 인간의 세계에서 가장 가까운 아버지와 아들의 관계로 표현하셨다.

성부 하나님은 성자 하나님을 이 세상 사람들을 위해 인간의 몸으로 이 땅에 보내셨다. 성자 하나님, 즉 예수님은 보혜사 성령 하나님을 인류를 위해 보내셨다. 보냄을 받았다고 해서 성자 하나님이나 성령 하나님이 성부 하나님 보다 열등하지 않다. 성자, 성부, 성령 하나님은 서로 동등하심과 동시에 하나이시다. 성령, 성자, 성부 하나님은 각자 독립(獨立)하시며, 동역(同役)하시고 연합(聯合)하신다.

성령, 성자, 성부 하나님이 함께하실 때만 완전한 하나님이 되시는 것은 아니다. 성령, 성자, 성부 하나님이 함께하셔도, 성령 하나님 혼자도 완전한 하나님이시며, 성자 예수님 혼자도 완전한 하나님이시고 성부 하나님 혼자도 개별적으로 완전하신 하나님이시다.

예수님 당시 유대인들은 하나님은 한 분이시라는 단신론을 믿었다. 그래서 예수님이 하나님의 아들이라고 말하자 신성모독이라고 하면서 예수님을 죽이려고 했다. 전통적으로 조상들로부터 듣고 배웠던 단신론의 개념으로 알았던 유대인들에게는 받아들이기 힘든 일이었다.

> 유대인들이 이로 말미암아 더욱 예수를 죽이고자 하니 이는 안식일을 범할 뿐만 아니라 하나님을 자기의 친아버지라 하여 자기를 하나님과 동등으로 삼으

심이러라 (요 5:18).

유대인들이 대답하되 선한 일로 말미암아 우리가 너를 돌로 치려는 것이 아니라 신성모독으로 인함이니 네가 사람이 되어 자칭 하나님이라 함이로라 (요 10:33).

예수님께서 제자들에게 여러 번 자신이 그리스도이자 하나님임을 말씀하셨지만 그들에게는 그리스도로만 받아들여졌다. 죽은 자가 다시 살아나는 부활도 처음에는 확신하지 못했는데, 눈으로 보이는 사람이 하나님이라고 확신하는 것이 어디 그렇게 쉬운 일이었겠는가! 제자들은 성령을 받고 난 후에야 비로소 그리스도 예수님이 하나님임을 확신하게 되었다.

그러나 사탄은 하늘나라에 있었기에 예수 그리스도께서 삼위일체 하나님 중 한 분이라는 사실을 잘 알고 있었다. 사탄은 유대인들이 자신들의 믿음의 대상인 하나님이 어떤 분인지 정확히 파악하지 못하게 수천 년 동안 속여 왔다. 지금도 이스라엘 사람들은 아브라함의 하나님을 믿고 있지만 예수님을 하나님의 아들로 믿지 않고 있다. 그러나 때가 되면 예수님이 그리스도임을 인정하는 날이 오게 될 것이다.

시몬 베드로가 대답하여 이르되 주는 그리스도시요 살아 계신 하나님의 아들이시니이다 (마 16:16).

Chapter 02
영의 세계 창조와 첫 번째 피조물

천사의 창조시기에 관해서는 천지창조 기간에 창조했다고 보는 견해도 있는데, 이는 창세기 3장 1절의 뱀을 창조했을 때와 동일하게 보는 견해이다. 즉, 천지창조 6일째에 천사를 창조했다는 견해인데, 이는 다른 성경의 말씀에 비추어 볼 때, 조금 무리가 있는 견해이다.

하나님은 우주만물을 창조하시기 이전에, 우리 인간의 눈으로는 보이지 않는 영의 세계를 먼저 창조하셨다. 그리고 그때 제일 먼저 창조한 영적 존재가 바로 천사인 것이다. 그러므로 우주만물을 창조하기 이전에 천사를 창조했다고 보는 견해가 타당하다고 여겨진다. 그 근거는 욥기 38장 4절~7절에서 하나님이 욥에게 하시는 말씀 가운데 나타나는데, 본문에는 천지창조하는 것을 천사들이 보고 기뻐하며 노래하고 소리 질렀다고 기록하고 있다.

> 내가 땅의 기초를 놓을 때에 네가 어디 있었느냐 네가 깨달아 알았거든 말할지니라 누가 그것의 도량법을 정하였는지 누가 그 줄을 그것의 위에 띄웠는지 네가 아느냐 그것의 주추는 무엇 위에 세웠으며 그 모퉁잇돌을 누가 놓았느냐 그때에 새벽 별(천사)들이 기뻐 노래하며 하나님의 아들(천사)들이 다 기뻐 소리를 질렀느니라 (욥 38:4~7).

이와 같이 우주만물 창조 이전에 천사를 창조했다는 근거는 성경 여러 군데에 기록되어 있다.

첫 번째 피조물 천사 창조

삼위일체 하나님은 첫 번째 피조물로서 영적 존재인 천사를 창조하셨다. 천사는 영, 신, 천사, 그룹, 스랍, 여호와의 군대, 하늘의 만군, 권능, 권세, 공중권세, 뭇별, 계명성, 천군, 새벽별들, 하나님의 아들들과 같이 다양한 이름으로 성경에 기록되어 있다. 하나님은 천사들을 창조하셨을 때, 그들에게 생명을 주시고 완전한 자유의지를 주셨다. 우리 눈에는 보이지 않지만 분명히 하나님께서 천사들을 창조하셨다.

> 여호와께서 그의 보좌를 하늘에 세우시고 그의 왕권으로 만유를 다스리시도다 능력이 있어 여호와의 말씀을 행하며 그의 말씀의 소리를 듣는 여호와의 천사들이여 여호와를 송축하라 그에게 수종 들며 그의 뜻을 행하는 모든 천군이여 여호와를 송축하라 여호와의 지으심을 받고 그가 다스리시는 모든 곳에 있는 너희여 여호와를 송축하라 내 영혼아 여호와를 송축하라 (시 103:19~22).

> 만물이 그에게서 창조되되 하늘과 땅에서 보이는 것들과 보이지 않는 것들과 혹은 왕권들이나 주권들이나 통치자들이나 권세들이나 만물이 다 그로 말미암고 그를 위하여 창조되었고 (골 1:16).

성경에는 천사장 루시엘을 하나님이 창조하셨다고 기록하고 있다.

> 네(루시엘 천사)가 지음을 받던 날로부터 네 모든 길에 완전하더니 마침내 네게서 불의가 드러났도다 (겔 28:15).

너 아침의 아들 계명성이여 어찌 그리 하늘에서 떨어졌으며 너 열국을 엎은 자여 어찌 그리 땅에 찍혔는고 네가 네 마음에 이르기를 내가 하늘에 올라 하나님의 뭇 별 위에 내 자리를 높이리라 내가 북극 집회의 산 위에 앉으리라 가장 높은 구름에 올라가 지극히 높은 이와 같아지리라 하는도다 그러나 이제 네가 스올 곧 구덩이 맨 밑에 떨어짐을 당하리로다 (사 14:12~15).

하나님은 천사들보다 먼저, 곧 영원 전부터 계셨다. 천사들에게는 물질로 된 육체를 주시지 않으셨다. 천사들은 피와 살이 없는 영적 존재이므로 공간의 제약 없이 원하는 곳으로 이동이 가능하다. 그러나 천사는 하나님처럼 모든 시간에 모든 곳에서 존재하지는 못한다.

사탄도 마찬가지로 특정한 곳에 있으면 다른 곳에는 존재하지 못한다. 다시 말해서 천사장 중의 하나인 가브리엘이 지금 한국에서 하나님의 명령을 받아서 일하고 있으면서 동시에 미국에서도 다른 일을 할 수는 없다. 이들은 사람과 같은 육체는 없지만 가끔 사람이나 혹은 다른 모습으로 나타나기도 한다.

저녁때에 그 두 천사가 소돔에 이르니 마침 롯이 소돔 성문에 앉아 있다가 그들을 보고 일어나 영접하고 땅에 엎드려 절하며 이르되 내 주여 돌이켜 종의 집으로 들어와 발을 씻고 주무시고 일찍이 일어나 갈 길을 가소서 그들이 이르되 아니라 우리가 거리에서 밤을 새우리라 롯이 간청하매 그제서야 돌이켜 그 집으로 들어오는지라 롯이 그들을 위하여 식탁을 베풀고 무교병을 구우니 그들이 먹으니라 그들이 눕기 전에 그 성 사람 곧 소돔 백성들이 노소를 막론하고 원근에서 다 모여 그 집을 에워싸고 롯을 부르고 그에게 이르되 오늘 밤에 네게 온 사람들이 어디 있느냐 이끌어 내라 우리가 그들을 상관하리라 (창 19:1~5).

하나님의 명령을 받은 천사들이 소돔과 고모라를 심판하고 롯의 가정을 구원하려고 하늘에서 땅으로 내려왔을 때처럼 비록 눈에 보이지 않는 영적 존재인 천사들이라 할지라도 종종 사람들의 눈에 보이는 존재로 나타나기도 한다. 이처럼 천사나 사탄은 사람이 할 수 없는 뛰어난 능력을 소유했지만 무소부재하신 하나님처럼 전지전능한 것은 결코 아니다. 천사는 하나님의 피조물로서 지혜나 능력에 한계가 있는 존재일 뿐이다.

천사 창조의 목적

하나님은 왜 천사를 창조하셨을까? 모든 천사는 하나님을 사랑하고, 하나님을 찬양하고 섬기기 위해 창조되었다. 또한, 구원받은 우리들을 섬기기 위해 창조되었으며, 하나님의 일을 돕는 종(사역자)으로 창조되었다.

> 능력이 있어 여호와의 말씀을 행하며 그의 말씀의 소리를 듣는 여호와의 천사들이여 여호와를 송축하라 (시 103:20).

> 모든 천사들은 섬기는 영으로서 구원받을 상속자들을 위하여 섬기라고 보내심이 아니냐 (히 1:14).

> 또 천사들에 관하여는 그는 그의 천사들을 바람으로 그의 사역자들을 불꽃으로 삼으시느니라 하셨으되 (히 1:7).

모든 영들이 처음 창조되었을 때는 하나님의 천사들이었다. 천사(Angles)라는 단어는 사자(Messenger)혹은 하인(Servant)을 뜻한다. 천사들은 하나님이 창조했으므로 하나님께 속하였다. 하나님은 천사를 창조하셨기에 천사들을 합법적으로 소유할 권리가 있는 분이시다. 그래서 하나님은 이 첫 번째 영물인 천사들이 오직 하나님만 섬기고 순종하기를 원하셨다.

완전하게 창조된 천사

하나님은 모든 천사를 완전한 존재로 창조하셨다. 사악하거나 무자비한 존재로 창조하지 않으셨다. 하나님은 거룩하시므로 그 어느 것도 악한 존재로 창조하지 않으셨다. 선지자 에스겔은 두로 왕에 빗대어 타락하기 전의 루시엘 천사장이 완전하고 지혜가 충만하고 온전히 아름답게 창조된 피조물임을 기록하고 있다.

> 인자야 두로 왕을 위하여 슬픈 노래를 지어 그에게 이르기를 주 여호와의 말씀에 너는 완전한 도장이었고 지혜가 충족하며 온전히 아름다웠도다 네가 옛적에 하나님의 동산 에덴에 있어서 각종 보석 곧 홍보석과 황보석과 금강석과 황옥과 홍마노와 창옥과 청보석과 남보석과 홍옥과 황금으로 단장하였음이여 네(루시퍼)가 지음을 받던 날에 너를 위하여 소고와 비파가 준비되었도다. 너는 기름 부음을 받고 지키는 그룹임이여 내가 너를 세우매 네가 하나님의 성산에 있어서 불타는 돌들 사이에 왕래하였도다. 네가 지음을 받던 날로부터 네 모든 길에 완전하더니 마침내 네게서 불의가 드러났도다 (겔 28:12~15).

지혜와 능력이 있는 천사

천사는 대단히 영리하고 힘과 능력이 있는 존재로 창조되었지만 천사들이 능력이 있다고 해서 하나님같이 모든 것을 할 수 있는 것은 아니다. 그러나 사람보다는 능력이 월등한 존재인 것은 사실이다.

> 능력이 있어 여호와의 말씀을 행하며 그의 말씀의 소리를 듣는 여호와의 천사
> 들이여 여호와를 송축하라 (시 103:20).

> 더 큰 힘과 능력을 가진 천사들도 주 앞에서 그들을 거슬러 비방하는 고발을
> 하지 아니하느니라 (벧후 2:11).

무수히 많은 천사 창조

천사의 수는 어느 정도 될까? 요한계시록 5장 11절에서는 "만만이요 천
천이라"고 기록하고 있다. 이 말씀은 그 수가 셀 수 없을 정도로 많다는
의미이다. 하나님은 셀 수도 없이 많은 천사를 창조하신 것이다.

> 내가 또 보고 들으매 보좌와 생물들과 장로들을 둘러 선 많은 천사의 음성이
> 있으니 그 수가 만만이요 천천이라 (계 5:11).

천사들의 처소(거처)

눈으로 보이지 않는 하나님나라는 이 세상을 가리키는 것이 아닌 것은
분명하다. 눈으로 보이지 않을 뿐이지 실제로 존재하는 장소이다. 모든
천사(영)들은 하늘나라(Heaven)에서 하나님과 함께 살고 있다. 그 하늘
나라는 하나님이 계시는 장소이다. 그래서 우리는 '하나님나라'라고 부른
다. 하나님이 계신 곳이 하나님나라이다. 하나님은 무소부재(無所不在)하
시지만 거처가 분명히 있다.

여호와께서는 그의 성전에 계시고 여호와의 보좌는 하늘에 있음이여 그의 눈이 인생을 통촉하시고 그의 안목이 그들을 감찰하시도다 (시 11:4)

우주만물 창조 이전에 천사 창조

천사(영)들의 창조 시기는 우주만물 창조 이전이라는 것을 욥에게 말씀하신 것을 통해 알 수 있다. 욥기에는 땅을 창조할 때, 새벽 별들, 하나님의 아들들이 봤다고 기록하고 있다.

> 내가 땅의 기초를 놓을 때에 네(욥)가 어디 있었느냐 네가 깨달아 알았거든 말할지니라 누가 그것의 도량법을 정하였는지 누가 그 줄을 그것의 위에 띄웠는지 네가 아느냐 그것의 주추는 무엇 위에 세웠으며 그 모퉁잇돌을 누가 놓았느냐 그 때에 새벽 별들이 기뻐 노래하며 하나님의 아들들이 다 기뻐 소리를 질렀느니라 (욥 38:4~7).

하나님이 우주만물을 창조하시는 것을 천사들이 보고 기뻐했다. 우주만물을 창조할 때, 천사들은 분명히 보고 있었다. 그리고 그들은 놀라운 광경을 보게 된다. 하나님께서 사람의 속에 하나님 자녀의 영을 불어 넣는 것을 보았다. 자신들은 하나님의 종으로 창조되었는데 사람은 하나님의 자녀로 사랑받고 하나님과 교제하는 존재로 창조하신 것이었다. 천사들은 인간들이 자신들에게 없는 하나님 자녀의 영으로 창조된 것을 보면서 엄청 부러워했을 것이다.

> 하나님이 이르시되 우리의 형상을 따라 우리의 모양대로 우리가 사람을 만들고 그들로 바다의 물고기와 하늘의 새와 가축과 온 땅과 땅에 기는 모든 것을 다스리게 하자 하시고 하나님이 자기 형상 곧 하나님의 형상대로 사람을 창조하시되 남자와 여자를 창조하시고 (창 1:26~27).

Chapter 03
루시퍼 천사장의 타락과 천사들의 반역

피조물인 천사를 창조한 후, 하나님나라에는 천사들과 하나님이 함께 거처하게 되었다. 천사들은 자신들의 창조주이신 하나님을 의지하고 순종하면서 자신들이 피조물임을 인식하고 하나님을 섬기는 소명을 다하고 살았다. 그러나 우주만물이 창조되기 이전에 루시엘과 함께 수많은 천사가 하나님의 말씀에 불순종하여 타락하게 된다. 루시엘은 타락한 이후에 루시퍼라는 이름으로 불리게 된다.

루시퍼의 직위

천사장 루시퍼의 원래 직위는 하늘나라에서 하나님을 섬기는 일과 수많은 천사의 우두머리 역할을 감당하는 일이었다. 천사장 중에서도 최고의 위치에 있었다.

> 모든 천사들은 섬기는 영으로서 구원받을 상속자들을 위하여 섬기라고 보내심이 아니냐 (히 1:14).

하나님은 모든 천사를 다 똑같이 창조하지는 않으셨는데, 그 중에 몇몇은 더욱 아름답고 영리하고 지혜롭게 창조하셨다. 이들의 이름은 가브리엘, 미가엘, 루시엘이었다. 이들 중에서도 가장 우두머리 천사는 루시엘이었다. 이 루시엘 천사가 범죄한 후에 루시퍼(Lucifer)라고 불렸다. 루시퍼는 '계명성(Morning Star)' 혹은 '아침의 아들(Son of Morning)'이라는 이름의 뜻이 있다.

> 너 아침의 아들 계명성이여 어찌 그리 하늘에서 떨어졌으며 너 열국을 엎은 자여 어찌 그리 땅에 찍혔는고 (사 14:12).

> How you are fallen from heaven, O Lucifer, son of the morning! How you are cut down to the ground, You who weakened the nations! (사 14:12, NKJV).

킹제임스 영어성경에서는 타락한 천사의 이름을 루시퍼라고 기록하고 있다.

루시퍼의 다스리는 권세

루시퍼는 그 어떤 천사보다도 하나님께서 존귀하고 아름답고 지혜롭고 완전하게 창조하셨다. 그리고 하늘나라에서 매우 중요한 직위를 루시퍼에게 주셨다. 다른 모든 천사를 다스리는 큰 권세와 능력을 주셨다. 하나님께서 창조한 만물이 그러하듯이, 루시퍼도 하나님이 완전하게 창조하셨고 다른 천사들보다 월등하게 뛰어난 존재로 창조하셨다.

너(루시퍼)는 기름부음을 받고 지키는 그룹임이여 내가 너를 세우매 네가 하나님의 성산에 있어서 불타는 돌들 사이에 왕래하였도다 네가 지음을 받던 날로부터 네 모든 길에 완전하더니 마침내 네게서 불의가 드러났도다 (겔 28:14~15).

반역의 마음을 품음

루시퍼는 모든 천사보다 가장 높은 직위를 부여받았다. 그러므로 그 누구보다도 하나님을 사랑하고 순종하며 섬겨야 했다. 그러나 루시퍼는 자신의 아름다움과 영화로움과 지혜와 높은 직위가 자랑스러운 나머지 마음이 대단히 교만해졌다.

네가 아름다우므로 마음이 교만하였으며 네가 영화로우므로 네 지혜를 더럽혔음이여 (겔 28:17).

루시퍼는 하나님과 대등한 반열에 서기를 원했다. 루시퍼는 하나님과 같이 천사들로부터 자신도 경배받기를 원했다. 자신이 피조물이라는 사실을 망각한 것이었다. 그리고 루시퍼는 모든 것을 다스리시는 하나님의 위치를 넘보기 시작했다. 루시퍼는 교만하여 스스로 자신을 창조한 창조주 하나님과 같은 위치의 신이 되려고 했다.

네(루시퍼)가 네 마음에 이르기를 내가 하늘에 올라 하나님의 뭇 별 위에 내 자리를 높이리라 내가 북극 집회의 산 위에 앉으리라 가장 높은 구름에 올라가 지극히 높은 이와 같아지리라 하는도다 (사 14:13~14).

그리하여 루시퍼는 모든 피조물 중에서 악을 행하는 첫 번째 존재가 되었다. 하나님은 피조물인 천사로 하여금 자기의 의지로 순종과 불순종을 선택할 수 있는 완전한 의지를 가진 존재로 창조하셨다. 그러나 루시퍼는 자신의 의지로 하나님과 동등한 위치에 서고자 하는 마음으로 자신의 길을 선택했다. 즉 자신이 스스로 신이 되어 다른 피조물로부터 창조주 하나님처럼 경배받기를 원했다.

반역에 가담한 천사들

하나님이 지으신 많은 천사가 루시퍼의 반역을 추종하고 그들도 루시퍼와 함께 하나님을 반역하는 일에 동참하고 말았다. 성경에서는 많은 귀신과 악한 영들이 있다고 기록하고 있다.

> 예수께서 네 이름이 무엇이냐 물으신즉 이르되 군대라 하니 이는 많은 귀신이 들렸음이라 (눅 8:30).

> 우리의 씨름은 혈과 육을 상대하는 것이 아니요 통치자들과 권세들과 이 어둠의 세상 주관자들과 하늘에 있는 악의 영들을 상대함이라 (엡 6:12).

타락한 루시퍼의 이름은 '용, 사탄, 마귀, 옛 뱀'이라고 불리며 루시퍼를 따른 범죄한 천사들은 귀신들, 악한 영들이라고 불린다.

> 용을 잡으니 곧 옛 뱀이요 마귀요 사탄이라 잡아서 천 년 동안 결박하여 (계 20:2).

사탄은 하나의 존재이고 나머지 타락한 천사들은 엄청나게 많이 존재한다. 타락한 천사의 수를 하나님이 창조한 천사 중 3분의 1이라고 주장하는 이들도 있다. 하여튼 하늘의 천사 중에서 엄청나게 많은 수의 천사가 타락한 것은 사실이다.

완전하고 지혜롭게 창조된 수많은 천사가 어떻게 루시퍼의 말에 속아서 루시퍼를 따르게 되었을까? 감히 피조물인 루시퍼가 자신을 창조하신 하나님과 같이 되겠다고 하는데 천사들은 어떻게 루시퍼가 하나님이 될 수 있다고 믿고 그를 따라 하나님을 대적하는 일에 동참할 수 있었을까? 루시퍼가 얼마나 아름다운 말과 논리와 이론으로 수많은 천사를 속였을까? 그리고 루시퍼와 천사들은 반란이 승산이 있다고 생각한 것일까?

천사 중의 으뜸으로 가장 가까이에서 하나님을 모신 루시퍼는 하나님의 성품 중에서 공의와 사랑이라는 모순되는 성품, 즉 하나님도 어쩔 수 없는 것이 있지 않을까를 유심히 관찰했을 것이다. 그리고 인자하고 사랑이 많으신 하나님에게서 죄에 대해서 심판하시는 공의라는 속성을 발견하고 이것을 안전장치인 무기로 삼으면 되겠다고 생각했을 것이다. 만일에 하나님께 반역하는 자신의 계획이 실패했을 때에라도 하나님은 인자하고 사랑이 많으신 하나님이기 때문에 죄를 용서하시고 절대로 형벌을 주시지 못할 것이라고 다른 천사들을 자신의 계획에 따를 것을 설득했을 것이다.

반면에 하나님께서 반역한 자신과 범죄한 천사들에게 무서운 형벌을 준다면 공의를 행하시는 하나님이 인자하신 사랑의 하나님이 아니라, 반대로 얼마나 잔인하고 무서우며 인정사정이 없으신 거짓된 분인가를 강조하며, 사탄 자신은 오히려 잔인하고 무서운 독재자 같은 하나님 앞에 희생당하는 광명한 천사라고 주장하면서 하나님을 나쁜 하나님으로 몰아붙였을 것이다. 그런 하나님을 섬기고 따를 필요가 없으며 자신의 편에 서도록 꼬드겼을 것이다. 천사들 입장에서는, 반역하는 계획이 성공하면 좋은 것이고, 실패한다고 하더라도 사랑의 하나님이 절대 벌을 주지 못할 것이라는 것과 혹시 벌을 주신다면 용서와 사랑의 하나님이 아니라 형벌만 주시는 잔인하고 거짓된 나쁜 하나님을 섬길 필요가 없다고 주장하며 설득하는 루시퍼의 말이 일리가 있다고 생각하고 루시퍼를 따랐을 것이다.

사탄은, 훗날 사람이 범죄하면 하나님의 공의의 속성 편에서 사람을 정죄하면 하나님도 어쩔 수 없이 죄인을 형벌 줄 수밖에 없을 것이라고 생각했다. 만약, 하나님이 공의를 행해야 할 때, 행하지 않는다면 하나님은 거짓말쟁이가 되고 공의롭지 못한 존재가 되기 때문이다.

사탄은 죄의 유혹으로 인간을 타락하게 만들어 사망권세로 죽이려 한다. 이것은 사탄이 가지고 있는 최상의 무기이다. 그리고 거짓을 진짜인 것처럼 만든 논리와 이론이라는 무기로 믿는 우리들에게 교묘하게 세상의 이론과 논리로 접근해서 하나님이 무자비하시고 무서운 분이시라고 속인다.

그러나 우리는 성령님의 도우심으로 하나님의 성품을 제대로 알아서 그 어떠한 잘못된 이론이나 논리로 우리를 공격하더라도 기록된 말씀에 의지하여 우리의 잘못된 이론과 견고한 진을 무너뜨리고 우리의 생각을 하나님께서 말씀하신 성경말씀에 기준을 두어 이겨내야 한다.

> 우리의 싸우는 무기는 육신에 속한 것이 아니요 오직 어떤 견고한 진도 무너뜨리는 하나님의 능력이라 모든 이론을 무너뜨리며 하나님 아는 것을 대적하여 높아진 것을 다 무너뜨리고 모든 생각을 사로잡아 그리스도에게 복종하게 하니 (고후 10:4~5).

반역의 생각을 아시는 하나님

모든 것을 아시는 하나님은 루시퍼의 반역의 생각과 계획을 이미 알고 계셨다. 하나님은 자신이 창조하신 피조물에 대해서 모르는 것이 없으시고 모든 것을 아시는 전지하신 분이다.

> 지으신 것이 하나도 그 앞에 나타나지 않음이 없고 우리의 결산을 받으실 이의 눈앞에 만물이 벌거벗은 것같이 드러나느니라 (히 4:13).

하나님은 피조물인 사람의 중심을 볼 뿐만 아니라 피조물인 천사들의 마음의 생각도 다 알고 계셨다.

> 여호와께서 사무엘에게 이르시되 그의 용모와 키를 보지 말라 내가 이미 그를 버렸노라 내가 보는 것은 사람과 같지 아니하니 사람은 외모를 보거니와 나 여호와는 중심을 보느니라 하시더라 (삼상 16:7).

> 사람의 행위가 자기 보기에는 모두 깨끗하여도 여호와는 심령을 감찰하시느니라 (잠 16:2).

하나님은 모든 영적 존재들을 지으셨고, 그들의 생각과 계획까지도 모두 아셨다. 하나님은 루시퍼가 교만해져서 창조주의 자리를 넘보고 있음을 아셨다. 하나님은 가담한 천사들 하나하나의 생각까지도 아셨다. 하나님은 무슨 일이 일어나기 전에 이미 그것을 모두 아시는 분이다. 우리 마음에 어떤 생각이 들기도 전에 하나님은 그 생각을 먼저 아신다. 하나님은 모든 시간에 모든 곳에 계신다(無所不在). 하나님은 모든 것을 '보고' 계신다. 하나님은 모든 것을 '알고' 계신다. 과거에도 그러셨고 지금도 그러하며 미래의 모든 일도 다 알고 계신다.

쫓겨난 루시퍼와 그 부하 천사들

하나님은 어느 누구도 하나님의 자리를 넘보도록 허락하지 않으셨다. 왜냐하면 하나님은 유일한 참 신이시기 때문이다. 하나님은 루시퍼와 그를 추종한 모든 천사를 하늘에서 쫓아내셨다. 그들을 하나님을 섬기는 모든 직책으로부터 쫓아내셨다. 그들은 하나님을 섬기는 직위에서 쫓겨나 어두운 구덩이, 즉 '흑암'에 가두어졌다.

> 하나님이 범죄한 천사들을 용서하지 아니하시고 지옥에 던져 어두운 구덩이에 두어 심판 때까지 지키게 하셨으며 (벤후 2:4).

> 또 자기 지위를 지키지 아니하고 자기 처소를 떠난 천사들을 큰 날의 심판까지 영원한 결박으로 흑암에 가두셨으며 (유 1:6).

영원 전에는 삼위일체 하나님만 계셨다. 하나님이 계신 곳은 사람의 눈으로 볼 수 없는 곳이지만 분명히 하나님이 계신 처소이며, 하나님나라이다. 하나님이 계신 거룩한 하나님나라에 범죄한 천사들이 같이 있게 할 수는 없었다. 그래서 하늘나라 외의 특별한 곳을 창조하셔서 그곳으로 범죄한 천사들을 보내셨다. 그곳이 바로 흑암, 어두운 구덩이였다. 그곳에 범죄한 천사들을 큰 날의 심판 때까지 가두어 두셨다.

사탄의 3대 범죄

사탄은 처음부터 범죄자였다.

> 너희는 너희 아비 마귀에게서 났으니 너희 아비의 욕심대로 너희도 행하고자 하느니라 그는 처음부터 살인한 자요 진리가 그 속에 없으므로 진리에 서지 못하고 거짓을 말할 때마다 제 것으로 말하나니 이는 그가 거짓말쟁이요 거짓의 아비가 되었음이라 (요 8:44).

> 죄를 짓는 자는 마귀에게 속하나니 마귀는 처음부터 범죄함이라 하나님의 아들이 나타나신 것은 마귀의 일을 멸하려 하심이라 (요일 3:8).

사탄은 하나님을 애써 외면하는 존재이다. 그뿐만 아니라 자기 생각을 불신자에게 뿌리 깊게 심어두었다.

> 하나님을 알되 하나님을 영화롭게도 아니하며 감사하지도 아니하고 오히려 그 생각이 허망하여지며 미련한 마음이 어두워졌나니 (롬 1:21).

사탄은 마음에 하나님 두기를 싫어하는 존재이고, 불신자로 하여금 하나님을 마음속에 받아들이기를 싫어하도록 배후에서 조종한다.

> 또한 그들이 마음에 하나님 두기를 싫어하매 하나님께서 그들을 그 상실한 마음대로 내버려 두사 합당하지 못한 일을 하게 하셨으니 (롬 1:28).

사탄은 하나님께 크게 세 가지를 죄를 범하였다. 첫 번째, 삼위일체 하나님의 유일성을 부정하여 불법과 반역행위를 저질렀다. 사탄은 하나님만이 신이 아니라 자신도 하나님과 같은 신이라고 자신을 따르던 천사들을 꼬드겼다. 그러나 우주만물을 창조하시고 다스리시는 참 신은 우리가 믿는 하나님 한 분뿐이시다.

> 그룹 사이에 계신 이스라엘 하나님 만군의 여호와여 주는 천하 만국에 유일하신 하나님이시라 주께서 천지를 만드셨나이다 (사 37:16).

> 죄를 짓는 자마다 불법을 행하나니 죄는 불법이라 (요일 3:4).

두 번째는 사람도 하나님이 될 수 있다는 범신론을 주장하고 있다. 하나님이 창조한 피조물도 신이 될 수 있다고 한다. 사탄은 세상에는 많은 신들이 있고 어떤 신을 믿든지 자신이 믿는 신념대로 사후에 좋은 곳으로 간다고 속인다. 하나님을 믿는 사람만이 천국에 갈 수 있다는 주장을 괴변이라고 치부하면서 누구나 신이 될 수 있다고 사람들을 속인다. 누구보다도 사탄과 범죄한 천사들(귀신들)이 절대로 하나님과 같은 신이 될 수 없다는 것을 더 잘 알고 있다.

> 너희가 그것을 먹는 날에는 너희 눈이 밝아져 하나님과 같이 되어 선악을 알 줄 하나님이 아심이니라 (창 3:5).

> 네가 하나님은 한 분이신 줄을 믿느냐 잘 하는도다 귀신들도 믿고 떠느니라 (약 2:19).

그리고 세 번째는 절대로 하나님의 심판이 없을 것이라고 부정하고 있다. 사탄은 어떤 사람들에게는 내세가 없기에 심판도 있을 수 없고 죽으면 끝이기 때문에 육체를 가지고 있는 동안 자신만 즐겁고 행복하게 살면 되는 것이라고 사람들을 속인다.

뱀이 여자에게 이르되 너희가 결코 죽지 아니하리라 (창 3:4).

　사탄과 그를 따른 악한 영들은 지금도 우리들 가운데 있으면서, 사람들의 마음속에 각종 이념과 사상과 철학을 심어 창조주 하나님이 없다고 부정하게 만들며, 누구나 신이 될 수 있다고 세뇌시키며 절대로 죽음 후에 천국과 지옥의 심판이 없다고 속이고 있다.

Chapter 04
타락한 천사들을 쫓아낼 곳, 흑암 창조

하나님이 계신 하늘나라는 거룩한 곳이다. 이곳엔 악이 함께 있을 수 없다. 그래서 악을 품은 천사들을 그대로 살게 할 수는 없는 일이었다. 하나님은 루시퍼와 범죄한 천사들을 가두어 둘 특별한 장소를 마련하기로 계획하시고 어두운 장소, 즉 '흑암'을 창조하셨다.

> 그 때에 내(하나님)가 구름으로 그 의복을 만들고 흑암으로 그 강보를 만들고 (욥 38:9).

> 땅이 혼돈하고 공허하며 흑암이 깊음 위에 있고 하나님의 영은 수면 위에 운행하시니라 (창 1:2).

하늘나라는 인간의 눈으로 보이지 않는 곳이다. 하나님은 하늘나라 외의 다른 특별한 장소, '흑암'이라는 인간의 눈에 보이는 공간(우주)을 창조하셨다. 또 이곳 흑암에 눈으로 보이지 않는 음부도 창조하셨다.

> 이는 내 영혼을 음부에 버리지 아니하시며 주의 거룩한 자로 썩음을 당하지 않게 하실 것임이로다 (행 2:27).

Chapter 05
범죄한 천사들을 흑암으로 쫓아냄 (하늘에서 쫓겨남)

하나님은 범죄한 천사들을 흑암으로 쫓아내시고 그곳에 가두어 두셨다. 많은 그리스도인들이 베드로후서 2장 4절 말씀에 "하나님이 범죄한 천사들을 용서하지 아니하시고 지옥에 던져 어두운 구덩이에 두어 심판 때까지 지키게 하셨으며"에 근거하여 사탄은 지금 '지옥 불 못'에 있는 줄로 생각한다.

만약에 정말로 하나님께서 범죄한 천사들, 즉 악한 영들을 지옥 불 못에 가두어 두셨다면, 지금 이 땅에 있는 악한 영들의 활동을 도대체 어떻게 이해해야 한단 말인가? 이 세상이 심판 후에 가는 지옥 불 못은 아니지 않는가! 창세기 1장 2절을 자세히 보면 우리의 의문점이 자연스럽게 풀리게 된다.

범죄한 천사들을 심판 때까지 흑암에 가둠

하나님께서 우주만물을 창조한 첫 번째 날, 빛을 창조하기 이전에 무엇이 있었는지? 흑암이 존재했음을 알 수 있다.

땅이 혼돈하고 공허하며 흑암이 깊음 위에 있고 하나님의 영은 수면 위에 운행하시니라 (창 1:2).

하나님께서는 왜? 범죄한 천사들을 다 없애시지 않으시고 흑암에 가두어 두셨나? 범죄한 천사를 가둔 이유는 합법적으로 정죄하여 심판하기 위함이다.

인간의 사회법에서도 죄를 지으면 바로 사형을 집행하는 것이 아니다. 적법한 절차를 거쳐서 그에 상응하는 형벌을 가하게 된다. 그러므로 어떤 사람이 피의자 신분이 되면, 경찰청의 유치장에 갇힌다. 그리고 경찰에 의해 조서가 꾸며지고 범죄 사실이 인정된다고 판단되면 검찰에 송치하여 검찰청 구치소에 갇혀서 판사의 최종판결을 기다리게 된다. 판사의 판결이 결정되면 범죄자는 교도소에 가게 되고 만약, 범죄 사실이 없다면 자유의 몸이 된다.

이와 같이, 하나님께서도 최종판결 후에 형벌을 집행하신다. 이 때 범죄한 천사들은 하나님의 공의로운 심판을 받은 후에 불 못 지옥으로 가게 되는데, 영원한 지옥으로 가기 이전에 임시로 갇혀 있는 곳이 흑암이라 할 수 있다. 하나님은 루시퍼와 범죄한 천사들을 흑암 속으로 쫓아내셨다. 거룩한 하나님은 범죄한 천사들을 거룩한 곳 하늘나라에 둘 수 없으셨다. 그래서 하나님은 루시퍼와 범죄한 천사들을 어두운 구덩이 속으로 쫓아내셨다.

하나님이 범죄한 천사들을 용서하지 아니하시고 지옥에 던져 어두운 구덩이에 두어 심판 때까지 지키게 하셨으며 (벧후 2:4).

그리고 큰 날의 심판 때까지 흑암 속에 가두어 두셨다.

또 자기 지위를 지키지 아니하고 자기 처소를 떠난 천사들을 큰 날의 심판까지 영원한 결박으로 흑암에 가두셨으며 (유 1:6).

이것을 이사야 선지자는 '땅'으로 내쫓겼다고 기록하고 있다.

너 아침의 아들 계명성(루시퍼)이여 어찌 그리 하늘에서 떨어졌으며 너 열국을 엎은 자여 어찌 그리 땅에 찍혔는고 (사 14:12).

말씀에 의해 유추해 보면 흑암은 우주이고 땅은 우주 속에 포함되어 있다. 하나님과 천사들이 거처하는 곳은 거룩한 곳, 하나님나라이고 이곳에서 범죄한 천사들을 별도의 장소로 보내야 했기에 새로운 장소인 우주(흑암)를 창조하셔서 그곳에 범죄한 천사들을 가두신 것이다.

루시퍼는 사탄, 옛 뱀, 마귀, 용이라고 불림

루시퍼(계명성)는 용, 옛 뱀, 사탄, 마귀, 온 천하를 꾀는 자 등으로 묘사하고 있다.

큰 용이 내쫓기니 옛 뱀 곧 마귀라고도 하고 사탄이라고도 하며 천하를 꾀는 자라 그가 땅으로 내쫓기니 그의 사자들도 그와 함께 내쫓기니라 (계 12:9).

하늘나라에서 쫓겨난 루시퍼와 그 부하들은 하나님뿐만 아니라 하나님께서 사랑하시는 모든 선한 것까지도 증오한다. 쫓겨난 이후부터 하나님뿐만 아니라 하나님께서 행하시는 모든 일을 거역하고 대적한다. 사탄이라는 이름의 의미는, 대적하는 자, 반대하는 자, 참소하는 자라는 의미를 가지고 있다.

사탄을 따르는 타락한 천사들을 보통 귀신들 또는 악한 영들이라고 부르는데 사탄(마귀, 루시퍼)은 하나의 존재이고, 나머지 범죄한 천사들을 '악한 영들(또는 귀신들)'이라고 칭하는 것이다. 물론, 악한 영들을 통칭해서 대명사적인 표현으로 사탄이라고도 부르기도 한다.

영원한 형벌 장소인 '불 못 지옥' 준비

하나님은 영원한 형벌을 위하여 '불 못'이라는 무시무시한 장소를 준비하셨다. 그곳은 루시퍼와 범죄한 천사들을 가둘 장소로, '불 못 지옥'이라고 한다. 판사의 판결 후에 갇히는 곳이 교도소인 것처럼 하나님의 최종 심판 후에 마귀가 영원히 갇히게 될 장소인 것이다.

> 또 그들을 미혹하는 마귀가 불과 유황 못에 던져지니 거기는 그 짐승과 거짓 선지자도 있어 세세토록 밤낮 괴로움을 받으리라 (계 20:10).

마지막 날의 심판 이후에 그곳으로 루시퍼와 범죄한 천사들을 보내실 것이다. 그리고 예수님을 믿지 않고, 하나님을 대적하는 사람들도 함께 그곳에서 영원한 형벌을 받게 될 것이다. 원래 이곳은 하나님이 타락한 천사들을 보내기 위하여 만든 곳인데 예수님을 구세주로 믿지 않은 사람들도 결국에 가게 되는 곳이다.

Chapter 06
흑암에 우주만물을 창조

하나님은 흑암에 우주만물을 창조하셨다. 현재, 우리가 살고 있는 우주 공간 안에 루시퍼와 범죄한 천사들이 갇혀 있다. 그래서 사탄은 공중권세를 잡고 우주공간 안에 갇혀 인간과 같이 존재하고 있다. 물론, 악한 영들은 우리의 육안으로는 볼 수 없지만 분명히 존재한다.

> 그 때에 너희는 그 가운데서 행하여 이 세상 풍조를 따르고 공중의 권세 잡은 자를 따랐으니 곧 지금 불순종의 아들들 가운데서 역사하는 영이라 (엡 2:2).

> 우리의 씨름은 혈과 육을 상대하는 것이 아니요 통치자들과 권세들과 이 어둠의 세상 주관자들과 하늘에 있는 악의 영들을 상대함이라 (엡 6:12).

우주는 끝이 없는 것이 아니라 끝이 있다고 봐야 성경적이다. 실제로 우주를 연구하는 과학자들의 주장은 세 가지 정도로 요약된다. 첫 번째, 우주가 계속해서 수축 중이라고 주장하는 견해, 두 번째는 우주가 계속해서 팽창하고 있다는 견해, 세 번째는 팽창도 수축도 하지 않는 정지 상태로 우주가 존재하고 있다는 견해다.

수축이든 팽창이든 정지 상태이든지 결론은 우주의 끝은 있다는 의미가 된다. 그러면, 우주의 끝 그 너머에는 무엇이 있을까? 물질계의 끝을 설명할 가장 근거 있는 답변은 영의 세계이다. 바로 하늘나라가 존재한다는 반증으로 귀결된다.

하나님은, 흑암이라는 공간에 우주만물을 창조하시기 시작한다. 첫째 날의 상태는 형체도 없고 비어 있었으며, 아무것도 보이지 않는 어두움 그 자체였다.

> 땅이 혼돈하고 공허하며 흑암이 깊음 위에 있고 하나님의 영은 수면 위에 운행하시니라 (창 1:2).

하나님은 첫째 날, 빛을 창조하셨다. 이때, 지구는 물로 덮여 있었고, 물이 뒤죽박죽으로 있었다. 빛과 어두움을 나누셨다. 빛을 낮, 어두움을 밤이라고 하셨다.

둘째 날, 하나님은 뒤죽박죽인 지구 주위의 물을 정리하셨다. 궁창(하늘) 아래의 물과 궁창 위의 물을 나누셨다.

셋째 날, 물로 뒤덮여 있던 지구의 물을 나누셨다. 땅과 바다로 나누시고, 땅에 풀과 씨 맺는 채소와 씨 가진 열매 맺는 나무를 종류대로, 그리고 하나만 창조하신 것이 아니라 셀 수 없이 많이 창조하셨다.

넷째 날, 해와 달과 별을 창조하시고, 해와 달을 통해 낮과 밤을 다스리게 하시고, 그것들로 징조와 계절과 날과 해를 이루게 하셨다.

다섯째 날, 공중의 새와 바다의 물고기를 창조하셨다. 공중의 새도 종류대로 하나가 아닌 셀 수 없이 많이 창조하셨고, 바다의 물고기들도 종류대로 하나가 아닌 엄청나게 많이 창조하셨다.

여섯째 날, 땅의 짐승과 땅에 기는 것을 창조하셨다. 짐승과 기는 것들을 종류대로 많이 창조하셨다. 그리고 마지막으로 사람을 창조하셨다. 하나님은 사람을 창조하실 때, 처음에는 남자만 창조하셨다. 다른 생명 있는 피조물은 종류와 개체수를 많이 창조하신 것과 달리, 사람은 유일하게 남자 하나만 창조하셨다.

삼위일체 하나님은, 하나님의 형상대로 남자를 창조하시고, 그 코에 생명의 기운을 불어 넣으셔서 하나님과 교통할 수 있는 영이 머물 수 있는 존재로 만드셨다. 그리고 남자인 아담의 갈비뼈를 이용해서 여자를 창조하셨다. 아담의 갈비뼈가 빠진 빈 곳에는 살로 채우셨다. 하나님은 하나님의 형상을 닮은 사람에게, 생육하고 번성하고 땅에 충만하여 땅을 정복하고 모든 생물을 다스리라고 명령하셨다.

> 하나님이 그들에게 복을 주시며 하나님이 그들에게 이르시되 생육하고 번성하여 땅에 충만하여라 땅을 정복하여라 바다의 고기와 공중의 새와 땅 위에서 살아 움직이는 모든 생물을 다스려라 (창 1:28).

하나님은 사람을 다른 생물들처럼 많은 수로 창조하지 않으시고 남자와 여자 둘을 만드시고 이들의 부부관계를 통해서 사람이 태어나게 하셨다.

그리고 일곱째 날이 되었다. 6일 동안 하나님은 우주만물을 다 창조하시고 7일째는 쉬셨다.

Chapter 07
선악을 알게 하는 나무의 실과

하나님은 사람을 위해서, 특별한 장소인 에덴동산을 만드시고, 아담과 여자를 그곳에서 살게 하셨다.

에덴동산과 두 나무

에덴동산에는 아름다운 열매를 맺는 수많은 나무가 있었다. 그리고 에덴동산 중앙에는 특별한 나무 두 그루가 있었는데 그것은 생명나무와 선악을 알게 하는 나무였다.

> 여호와 하나님이 그 땅에서 보기에 아름답고 먹기에 좋은 나무가 나게 하시니 동산 가운데에는 생명나무와 선악을 알게 하는 나무도 있더라 (창 2:9).

하나님은 왜? 동산에서 가장 잘 보이는 곳의 중앙에 생명나무와 선악을 알게 하는 나무를 두셨을까? 그것은 아담으로 하여금 두 나무를 볼 때마다 생명의 원천이신 하나님을 늘 바라보고 의지하고 순종하며 자신의 위치가 피조물임을 망각하지 말라는 것을 생각하라는 의미였다.

선악을 알게 하는 나무

생명나무의 열매를 따 먹으면 계속 생명이 연장되어 육체가 영원히 살 수 있었다. 삼위일체 하나님은 동산의 모든 나무의 열매를 아담과 여자에게 주시면서 마음껏 먹으라고 하셨다. 하지만 동산 중앙에 있는 선악을 알게 하는 나무의 열매는 먹지 말라고 하셨다. 먹으면 반드시 죽는다고 경고하셨다.

아담은 하나님으로부터 선악을 알게 하는 나무의 열매를 절대 따먹지 말라는 말씀을 직접 들었다. 여자는 아담을 통해서 선악을 알게 하는 나무의 실과를 먹으면 안 된다는 사실을 알고 있었다.

> 여호와 하나님이 그 사람을 이끌어 에덴동산에 두어 그것을 경작하며 지키게 하시고 여호와 하나님이 그 사람에게 명하여 이르시되 동산 각종 나무의 열매 는 네가 임의로 먹되 선악을 알게 하는 나무의 열매는 먹지 말라 네가 먹는 날 에는 반드시 죽으리라 하시니라 (창 2:15~17).

범죄한 아담

어느 날, 간교한 뱀이 선악을 알게 하는 나무의 열매를 따 먹도록 여자를 유혹한다.

> 그런데 뱀은 여호와 하나님이 지으신 들짐승 중에 가장 간교하니라 뱀이 여자 에게 물어 이르되 하나님이 참으로 너희에게 동산 모든 나무의 열매를 먹지 말 라 하시더냐 (창 3:1).

그리고 뱀은, 여자에게 하나님이 하신 말씀은 거짓말이라고 하면서 열매를 먹으면 절대로 죽지 않고 눈도 밝아지고 하나님처럼 된다고 강권한다.

> 뱀이 여자에게 이르되 너희가 결코 죽지 아니하리라 너희가 그것을 먹는 날에
> 는 너희 눈이 밝아져 하나님과 같이 되어 선악을 알 줄 하나님이 아심이니라
> (창 3:4~5).

여자가 뱀의 말을 듣고 열매를 보는 순간, 이전과 달리 열매가 엄청 먹음 직스럽고 지혜롭게 할 만큼 탐스러워 보였다. 그래서 여자는 잠시의 망설 임도 없이 그것을 따 먹고 남편에게도 주어 먹게 하였다.

> 여자가 그 나무를 본즉 먹음직도 하고 보암직도 하고 지혜롭게 할 만큼 탐스럽
> 기도 한 나무인지라 여자가 그 열매를 따 먹고 자기와 함께 있는 남편에게도
> 주매 그도 먹은지라 (창 3:6).

아담이 열매를 먹은 순간 엄청난 일이 벌어졌다. 두 사람의 눈이 밝아져 서 자신들이 벗은 몸인 것을 깨닫고는 무화과나무 잎으로 치마를 엮어 몸 을 가리게 되었다. 그리고 하나님께 죄를 지었음을 깨닫게 되었다. 결국 남자와 그 아내는 여호와 하나님의 낯을 피해 동산 나무 사이에 숨었다.

> 이에 그들의 눈이 밝아져 자기들이 벗은 줄을 알고 무화과나무 잎을 엮어 치마
> 로 삼았더라 그들이 그날 바람이 불 때 동산에 거니시는 여호와 하나님의 소
> 리를 듣고 아담과 그의 아내가 여호와 하나님의 낯을 피하여 동산 나무 사이에
> 숨은지라 (창 3:7~8).

이로 인해 하나님은 아담과 여자와 뱀에게 벌을 내리신다. 여자는 임신 의 고통을 크게 더하게 되었고 남편의 다스림을 받게 되었다.

> 또 여자에게 이르시되 내가 네게 임신하는 고통을 크게 더하리니 네가 수고하고 자식을 낳을 것이며 너는 남편을 원하고 남편은 너를 다스릴 것이니라 하시고 (창 3:16).

아담은 죽는 날까지 엄청나게 수고해야 땅에서 나는 소산물을 먹을 수 있게 되었다. 그리고 흙에서 났으니 육체는 죽어서 흙으로 돌아 갈 것이라고 했다.

> 아담에게 이르시되 네가 네 아내의 말을 듣고 내가 네게 먹지 말라 한 나무의 열매를 먹은즉 땅은 너로 말미암아 저주를 받고 너는 네 평생에 수고하여야 그 소산을 먹으리라 (창 3:17).

인류의 대표자인 아담의 범죄로 인해 땅은 저주를 받아 가시덤불과 엉겅퀴를 내게 되었다. 그리고 하나님은 가죽옷을 만들어 그들에게 입히시고 에덴동산에서 쫓아내시고, 생명나무의 열매를 따먹지 못하도록 그룹과 빙빙 도는 불 칼로 하여금 지키게 하셨다.

사탄은 이후에도 아담의 후손들이 범죄의 형벌로 하나님의 심판을 받아 고통을 당하게 되자 끝없이 하나님을 배반하고 죄 속에 빠져서 살도록 유혹하였다.

그뿐만 아니라 사탄은 공의로 심판하는 하나님을 향해 무자비한 폭군처럼 몰아붙이며 그런 하나님을 섬기고 경외하며 따를 필요가 없으며, 자신과 힘을 합해서 하나님을 대적하고 하나님 없이도 잘 살 수 있다면서 지금까지도 사람들을 거짓말로 유혹하고 있다.

원시복음

여자를 꼬드겨서 죄를 짓게 한 뱀에게는, 다른 어떤 생명체보다 더욱 저주를 내리시고 평생 배로 기어 다니고 흙을 먹고 살게 하셨다.

> 여호와 하나님이 뱀에게 이르시되 네가 이렇게 하였으니 네가 모든 가축과 들의 모든 짐승보다 더욱 저주를 받아 배로 다니고 살아 있는 동안 흙을 먹을지니라 (창 3:14).

뱀은 실제로 흙을 먹고 살지는 않는다. 여기서의 '흙을 먹는다'는 표현은 흙으로 창조된 사람이 죄를 범하면 합법적으로 죽일 수 있는 권세를 받았다는 의미이며, 뱀(사탄)은 이후로 죄짓는 사람은 하나님의 명령에 의해서 무조건 죽여야 한다는 것을 의미한다. 그러나 죄가 없는 사람을 죽인다면 하나님의 명령에 불순종하게 되는 것이다.

그리고 하나님은 사탄에게 말씀하셨다.

> 내가 너로 여자와 원수가 되게 하고 네 후손도 여자의 후손과 원수가 되게 하리니 여자의 후손은 네 머리를 상하게 할 것이요 너는 그의 발꿈치를 상하게 할 것이니라 (창 3:15).

하나님은 여자의 후손을 통해 구원자(그리스도)가 올 것을 예언하셨다. 그리고 뱀은 여자의 후손의 발꿈치를 상하게 하지만, 여자의 후손은 치명적으로 뱀의 머리를 상하게 할 것이라고 예언을 하셨다.

창세기 3장 15절 말씀을 '최초의 복음' 또는 '원시복음'이라고 우리는 알고 있다. 여자의 후손을 통해 구세주가 태어날 것이라는 복된 소식의 말씀이기 때문이다.

그러나 성경을 자세히 살펴보면 선악을 알게 하는 나무의 열매를 따 먹기 이전에 이미 하나님은 복음을 말씀하셨는데 그것은 창세기 2장 17절 말씀이다.

> 선악을 알게 하는 나무의 열매는 먹지 말라 네가 먹는 날에는 반드시 죽으리라 하시니라 (창 2:17).

성부 하나님께서 아담에게 선악을 알게 하는 나무의 실과를 따먹지 말라고 명령하실 때, 성자 하나님과 성령 하나님 그리고 사탄과 많은 천사도 이 이야기를 들었을 것이다. '절대로 먹지 마라!' '먹으면 반드시 죽는다!' 만일 그 현장에 우리도 있었다면, 성부 하나님의 말씀에 엄청난 두려움을 느꼈을 것이다. 결국 죽음 속에 복음의 비밀이 숨겨져 있는 것이다.

반드시 죽으리라! 누가 죽는가?

죽음 속의 복음은 무엇인가? 하나님의 말씀에 불순종하면 반드시 죽는다고 하셨는데, 그렇다면 과연 누가? 왜 죽는 것일까?

첫 번째로 사람이 죽는다. 하나님의 말씀에 불순종하고 하나님이 하지 말라는 선악을 알게 하는 나무의 실과를 따 먹은 아담은 반드시 죽어야 했고, 그의 자손들 역시 죽음에 이르게 되었다. 반드시 죽는 존재는 범죄한 인류, 우리 모두인 것이다.

> 그러므로 한 사람으로 말미암아 죄가 세상에 들어오고 죄로 말미암아 사망이

들어왔나니 이와 같이 모든 사람이 죄를 지었으므로 사망이 모든 사람에게 이르렀느니라 (롬 5:12)

그러나 다른 한편으로 육신의 죽음은 창세 이전부터 우리를 택하셔서 예수 그리스도를 통해서 우리를 하나님의 자녀로 삼아 영원한 생명을 주시기 위함이다.

곧 창세전에 그리스도 안에서 우리를 택하사 우리로 사랑 안에서 그 앞에 거룩하고 흠이 없게 하시려고 (엡 1:4).

영접하는 자 곧 그(예수) 이름을 믿는 자들에게는 하나님의 자녀가 되는 권세를 주셨으니 (요 1:12).

이는 죄가 사망 안에서 왕 노릇한 것같이 은혜도 또한 의로 말미암아 왕 노릇하여 우리 주 예수 그리스도로 말미암아 영생에 이르게 하려 함이라 (롬 5:21).

두 번째는 사탄이 죽는다.

또 왼편에 있는 자들에게 이르시되 저주를 받은 자들아 나를 떠나 마귀와 그 사자들을 위하여 예비 된 영원한 불에 들어가라 (마 25:41).

사탄은 왜 죽는가? 사람을 범죄하게 하였으므로 사탄은 하나님의 심판을 받게 된다. 사탄을 왜? 죽이는가? 이는 창세전에 계획한 것을 이루시기 위함이다. 예비 된 지옥 불의 형벌이 기다리고 있다. 사탄이 죽는다는 의미는 영원한 지옥 불에 들어간다는 뜻이다.

세 번째는 마지막 아담인 그리스도 예수님이 반드시 죽어야 한다. 예수님이 죽어야 하는 이유는 범죄한 인간을 살리기 위해서이다.

> 아담 안에서 모든 사람이 죽은 것같이 그리스도 안에서 모든 사람이 삶을 얻으리라 (고전 15:22).

> 하나님의 사랑이 우리에게 이렇게 나타난바 되었으니 하나님이 자기의 독생자를 세상에 보내심은 그로 말미암아 우리를 살리려 하심이라 (요일 4:9).

하나님은 왜? 하나님의 아들을 죽이셔야 하는가? 창세전에 계획하신 하나님의 일, 즉 인간을 구원하시기 위해 독생자 예수를 죽이셔야 했다.

> 곧 창세전에 그리스도 안에서 우리를 택하사 우리로 사랑 안에서 그 앞에 거룩하고 흠이 없게 하시려고 (엡 1:4).

> 하나님이 세상을 이처럼 사랑하사 독생자를 주셨으니 이는 그를 믿는 자마다 멸망하지 않고 영생을 얻게 하려 하심이라 (요 3:16).

> 그리스도께서도 단번에 죄를 위하여 죽으사 의인으로서 불의한 자를 대신하셨으니 이는 우리를 하나님 앞으로 인도하려 하심이라 육체로는 죽임을 당하시고 영으로는 살리심을 받으셨으니 (벧전 3:18).

하나님 아버지께서 아담에게 모든 것을 주시고 '선악을 알게 하는 나무를 먹으면 반드시 죽는다'고 말씀하실 때 예수님, 성령님, 천사들 그리고 사탄도 분명히 들었을 것이다. 그러나 사탄은 아담만 죽는 줄 알았지 자신이 죽는 줄은 생각도 못 했을 것이다. 자신이 죽는 줄 알았다면 아담을 죽음의 자리로 몰아가지 않았을 것이다. 하지만 하나님의 감추어 놓은 이 비밀을 사탄은 알 수 없었기 때문에 스스로 무덤을 판 꼴이 되었다.

왜? 선악을 알게 하는 나무를 만드셨나?

하나님은 왜? 선악을 알게 하는 나무를 동산에 두고 그것은 먹지 말라고 하셨을까? 그것도 가장 잘 보이는 동산의 중앙에 두셨을까? 애초부터 만들지 않았으면 좋았으련만, 하나님은 아담이 그것을 따 먹을 것이라는 사실을 알지 못했던 것일까? 아니면, 다른 어떤 계획이 있으셨던 것일까?

하나님께서 선악을 알게 하는 나무를 만드신 이유는 여러 가지 견해로 해석할 수 있겠지만 '하나님나라 건설'이라는 관점에서 보면 첫 번째, 사람은 선악을 알게 하는 나무를 볼 때마다 자신이 피조물임을 인식하고, 창조주 하나님의 말씀을 신뢰하고 하나님을 의지하고 순종해야 하는 존재임을 인식하라고 만드셨다.

우주만물이 창조되기 이전에 영의 세계에서 첫 번째 피조물인 천사가 창조주 하나님과 동등한 존재가 되고자 타락했던 사실을 망각하지 말고 철저하게 하나님을 의지하고 순종해야 하는 피조물임을 인식해야 했었다. 다시 말하면, 아담과 하와는 선악을 알게 하는 나무를 볼 때마다 자신들이 하나님으로부터 창조된 피조물임을 상기하고 또 상기해서 사탄처럼 자신이 창조주 신이 아니라 피조물임으로 하나님의 명령에 순종해야 하는 존재임을 잊지 말아야 했었다.

동산 중앙에 있는 나무의 열매는 하나님의 말씀에 너희는 먹지도 말고 만지지도 말라 너희가 죽을까 하노라 하셨느니라 (창 3:3).

두 번째 이유는, 구세주가 이 세상에 오시기 위한 도구(통로) 역할을 위해서 만드셨다. 만약, 선악을 알게 하는 나무가 없었다면 창세전에 삼위일체 하나님께서 계획하신 일을 이룰 수 없다. 만약, 선악을 알게 하는 나무가 없었다면, 예수 그리스도가 이 땅에 오실 수 없고 인간을 하나님의 자녀로 삼을 수 있는 길이 없으며, 인간이 온전히 영생할 수 있는 길도 없게 된다.

그리고 세 번째 이유는, 사탄을 심판하고 진멸하기 위한 도구로 만들어졌다. 창세전에 범죄한 천사들을 심판하기 위해, 그들의 범죄를 드러내기 위함이다. 범죄한 천사가 마음으로 하나님을 반역했지만, 행동으로 옮기지는 않았다. 행동으로 옮길 때 그것이 완벽한 범죄임이 드러난다.

선악을 알게 하는 나무를 통해 사탄은 합법적으로 사망의 권세를 잡게 된다. 이 사망의 권세는 '죄를 짓는 자는 누구를 막론하고 죽이는 권세'이다. 사탄은 합법적인 권세로 죄지은 사람을 죽여 왔고 지금도 죽이고 있다. 그러나 결코 죄를 짓지 않은 인간으로 오신 구세주 예수님을 죽이는 일이 벌어졌다. 사탄은 결국 행동으로 자신의 범죄를 드러내게 된 것이다.

그러면, 하나님은 우리의 실수와 죄악을 어떻게 하시나? 하나님은 우리의 실수와 죄악을 선으로 바꾸시는 분이시다. 여자가 범죄 하였지만, '하와'라는 이름을 주신다. 이 이름의 의미는 '모든 산 자의 어머니'라는 뜻이다. 하와에게 모든 산 자의 어미가 되는 축복을 주신 것이다.

아담이 그의 아내의 이름을 하와라 불렀으니 그는 모든 산 자의 어머니가 됨이더라 (창 3:20).

비슷한 경우를 우리는 성경의 여러 곳에서 발견하게 된다. 요셉은 형들에 의해 이집트에 종으로 팔려가게 된다. 그러나 하나님은 형들의 악을 선으로 바꾸셔서 요셉이 이집트의 총리가 되어 여자의 후손이 오는 통로가 끊어지지 않고 이어지게 하셨다.

당신들은 나를 해하려 하였으나 하나님은 그것을 선으로 바꾸사 오늘과 같이 많은 백성의 생명을 구원하게 하시려 하셨나니 (창 50:20).

창세기 12장에서는, 아브라함이 아내를 팔아먹었지만 결국 부자가 되어 이집트에서 나오게 되고, 누가복음 15장에서는 아버지를 떠나 죄 가운데 있다가 아버지의 사랑을 깨닫고 회개하여 돌아오는 탕자의 사건이 기록되어 있으며, 룻기에는 룻의 시어머니 나오미가 잘 살아 보겠다고 모압 땅으로 이주했지만, 결국 남편과 자식도 죽고 재산도 몽땅 탕진하고 작은 며느리와 고향으로 돌아오지만, 하나님의 은혜로 작은 며느리를 통해 구세주의 통로가 되는 복을 받는 사건이 기록되어 있다. 성경에서는 '죄가 큰 곳에 은혜가 더 크다'고 말씀하신다.

율법이 들어온 것은 범죄를 더하게 하려 함이라 그러나 죄가 더한 곳에 은혜가 더욱 넘쳤나니 이는 죄가 사망 안에서 왕 노릇한 것같이 은혜도 또한 의로 말미암아 왕 노릇하여 우리 주 예수 그리스도로 말미암아 영생에 이르게 하려 함이라 (롬 5:20~21).

이밖에도 성경에서는 여러 사건을 통해, 인간의 실수와 죄까지도 선하게 바꾸시는 하나님의 사랑에 대한 내용이 많이 있다. 현재, 우리의 삶도 마찬가지다. 우리의 죄와 실수로 인해 우리가 고난을 당하더라도, 결국은 하나님께서 우리를 선하게 인도하실 것을 믿는 믿음을 가져야 한다.

Chapter 08
아브라함과 이스라엘 선택

합법적으로 죄인들을 죽일 수 있는 권세를 받은 사탄은, 구세주가 오면 자신들이 치명적인 상처를 입고 심판받는다는 사실을 아담의 범죄를 통해 알게 되었다. 사탄은, 구세주가 이 땅에 여자의 후손으로 태어난다는 것을 잘 알고 있었다. 그래서 어떤 사람의 후손으로 태어날지 모르기 때문에 모든 사람이 죄를 짓게 만들었다. 경건한 사람들이 죄를 짓도록 유도하고 끊임없이 여자의 후손이 올 통로를 막는 계략을 펼쳤다.

이러한 사탄의 행태는 가인을 통해서 경건한 동생 아벨을 죽이는 행위로, 노아 시대에는 하나님의 아들들이 사람의 딸들과 결혼하게 만들어 경건한 사람들이 육체에 속한 성적 타락에 빠지도록 만드는 것 등으로 나타났다.

사탄 역시 언제 누구를 통해서 구세주가 태어날지 몰랐기 때문에 모든 사람이 범죄 하도록 유혹하는 전략을 펼쳤다. 사탄의 계략에 넘어간 사람들은 배후에서 사탄이 시키는 대로 죄를 범하게 되었고, 하나님은 사람들의 범죄를 그대로 지켜보실 수만은 없으셔서 홍수 심판을 통해 경건하지 못한 모든 사람들을 멸하셨다. 그리하여 노아를 통해 창세전에 계획하신 일을 다시금 이루어 가셨다.

하나님은 약속한 것을 반드시 지키시는 신실하신 분이시다. 아담이 에덴동산에서 쫓겨나고 2천여 년이 지난 후, 하나님은 태초에 약속하신 그리스도에 대한 약속을 성취하시기 위해 한 사람을 택하여 부르셨다. 그 사람은 바로 노아의 아들 셈의 후손인 아브라함이었다.

하나님나라의 완성을 이루시기 위해 하나님은 사람과 함께 일하시는데, 기원 전 2천 년경 하나님은 아브라함을 부르셨다. 아브라함이 자원한 것이 아니라 일방적으로 하나님이 먼저 부르셨고, 믿음으로 반응한 아브라함은 여자의 후손이 자신의 가계를 통해 오게 되는 인류가 받을 복의 통로가 되었다. 하나님은 아브라함을 통해 이스라엘이라는 민족을 이루시고 이스라엘을 통해 이방 민족인 우리까지도 복을 받을 수 있는 통로가 되게 하셨다.

아브라함은 하나님을 믿고 말씀대로 살면 반드시 복을 받는다는 것을 보여준 본보기가 된 인물이다. 아브라함의 후손이 세운 나라, 이스라엘 또한 하나님을 믿고 순종하면 복을 받는다는 샘플이 된 나라이다. 다시 말해, 아브라함과 이스라엘 민족은 성삼위일체 하나님과 우리 모든 인류를 연결시키는 통로 역할을 감당한 중요한 인물과 나라가 되었다.

택하심과 부르심과 약속하심

하나님은 본격적인 사역을 위해 그리스도의 조상이 될 아브라함을 택하셨다. 사탄을 멸망시킬 여자의 후손이 태어나기 위한 통로로 아브라함을 택하신 것이다. 비록 아브라함이 우상을 만드는 아버지에게서 자랐고 죄인이었지만 하나님은 하나님의 일을 위해 그를 택하시고 약속하셨다.

하나님은 한 번 약속하신 것은 반드시 지키시는 분이시다. 하나님은 아브라함에게 큰 민족을 이루게 하시고 복을 주고, 그의 이름을 창대하게 하셨다. 아브라함 자체가 복이라고 하셨고 그를 축복하는 자에게는 복을 주시고, 그를 저주하는 자에게는 저주를 주실 것이고, 땅의 모든 민족이 아브라함으로 인해 복을 받을 것이라고 말씀하셨다.

또한 하나님은 아브라함의 후손을 통해서 구세주가 태어나게 될 것도 아브라함에게 약속하셨다.

> 너희 조상 아브라함은 나(예수 그리스도)의 때 볼 것을 즐거워하다가 보고 기뻐하였느니라 (요 8:56).

이때, 하나님이 약속하신 말씀에 대해 아브라함은 믿음으로 반응하고, 하나님이 하신 약속의 말씀을 믿고 순종했다.

믿음과 순종

성경에서 '아브라함'과 '믿음'이라는 단어는 떼어 놓을 수 없을 정도로 아브라함은 하나님의 말씀에 믿음으로 반응하여 순종이라는 행위로 본을 보인 인물이다.

하나님은 아브라함에게 기이한 명령을 내리신다. 그것은 안전한 씨족 공동체를 떠나 위험한 곳을 지나 아직 목적지가 정해지지 않은 땅으로 가라는 명령이었다. 이때, 아브라함은 75세의 노인이었다. 아브라함은 자신이 가야할 곳을 알지 못했지만 하나님의 계획이 더 중요하다고 생각하여 말씀에 순종하여 믿음으로 반응했다.

> 믿음으로 아브라함은 부르심을 받았을 때에 순종하여 장래의 유업으로 받을 땅에 나아갈 새 갈 바를 알지 못하고 나아갔으며 (히 11:8).

아브라함은 비록 우상을 만들고 섬기는 아버지 밑에서 자랐지만, 아브라함의 이 순종하는 믿음을 보시고 하나님은 그를 의롭게 여기셨다.

> 만일 아브라함이 행위로써 의롭다 하심을 받았으면 자랑할 것이 있으려니와 하나님 앞에서는 없느니라 성경이 무엇을 말하느냐 아브라함이 하나님을 믿으매 그것이 그에게 의로 여겨진바 되었느니라 (롬 4:2~3).

우리는 아브라함을 통해 중요한 한 가지 사실을 발견할 수 있다. 그것은 모든 믿음은 행동으로 결정된다는 것이다. 믿는다 하면서 행치 않으면 그것은 진정한 믿음이 아니다. 믿음의 실체는 행위로 나타난다. 우리가 믿음이 있노라 하면서 행함이 따르지 않는다면 결코 올바른 믿음이 아니다.

> 내 형제들아 만일 사람이 믿음이 있노라 하고 행함이 없으면 무슨 유익이 있으리요 그 믿음이 능히 자기를 구원하겠느냐 (약 2:14).

더 나아가 행함이 나타나지 않는 믿음은 죽은 것과 같다고 말하고 있다.

> 영혼 없는 몸이 죽은 것같이 행함이 없는 믿음은 죽은 것이니라 (약 2:26).

나무가 어떤 나무인지는 그 열매로 알 수 있듯이 믿음은 반드시 행위라는 열매로 나타난다. 믿음은 그 대상에 따라서 달라진다. 믿을 만한 사람의 말은 믿고, 믿지 못할 사람의 말은 믿지 않는 것이 세상의 이치이다. 우리가 믿는 하나님은 믿을 만한 대상이기에 믿는 것이다.

한편 하나님의 입장에서는 그 믿음으로 말미암아 우리들을 의롭게 여기신다. 우리의 어떤 행동이 선해서 의로 여기시는 것이 아니라 오직 믿음을 보고 의롭게 여기신다.

> 만일 아브라함이 행위로써 의롭다 하심을 받았으면 자랑할 것이 있으려니와 하나님 앞에서는 없느니라 (롬 4:2).

성경에서는 하나님께 순종하는 것이 예배드리는 것보다 낫다고 말씀하고 있다. 그만큼 순종은 우리 그리스도인의 기본 덕목이다. 우리는 하나님을 의지하고 순종해야 하는 존재로 창조되었기 때문이다.

> 사무엘이 이르되 여호와께서 번제와 다른 제사를 그의 목소리를 청종하는 것을 좋아하심 같이 좋아 하시겠나이까 순종이 제사보다 낫고 듣는 것이 숫양의 기름보다 나으니 (삼상 15:22).

만민 앞에 축복의 모델

하나님은 아브라함에게, 큰 민족을 이루고 복을 주고 이름을 창대하게 하고 아브라함 자체가 복이 될 것이라고 약속하셨고, 아브라함을 축복하는 자를 축복하고 저주하는 자를 저주하고, 땅의 모든 민족이 아브라함으로 인해 복을 얻게 될 것이라고 약속하셨다.

하나님은, 하나님을 잘 믿는 자는 결국 복을 받게 될 것이라는 하나의 모델로 삼기 위해 아브라함을 선택하셨다. 그리고 택한 아브라함이 순종으로 반응했을 때 약속하신 복을 주셨다. 하나님은 한 번 약속하신 것은 반드시 지키시는 분이시다.

아브라함은 만민이 복을 받을 수 있는 '통로(Pipe)'를 제공한 인류사의 아주 중요한 인물이 되었고 그의 후손인 예수 그리스도를 통해 천하 만민이 복을 받게 되었다.

> 너희는 선지자들의 자손이요 또 하나님이 너희 조상과 더불어 세우신 언약의 자손이라 아브라함에게 이르시기를 땅 위의 모든 족속이 너의 씨로 말미암아 복을 받으리라 하셨으니 (행 3:25).

> 네 자손을 하늘의 별과 같이 번성하게 하며 이 모든 땅을 네 자손에게 주리니 네 자손으로 말미암아 천하 만민이 복을 받으리라 (창 26:4).

구약시대에는 육적인 복을 많이 강조한 듯하다. 재물, 평안, 건강, 자유, 안전하게 지키심 등 그러나 예수님은 육적인 복보다는 영적인 복을 더 강조하셨다. 하나님이 명령했을 때 아브라함은 이미 갈대아 우르에서부터 믿고 순종했다. 그리고 아브라함은 육적인 복보다는, 자신의 씨를 통해서 구세주가 태어날 것이라는 어마어마한 영적인 복에 집중하고 믿음으로 순종했다.

우리 또한 복중에 가장 큰 복인 예수님을 믿는 복을 은혜의 선물로, 공짜로 받았다.

2천여 년 전에 이스라엘 땅에 오신 하나님이신 예수님을 지금 믿고 있다는 것이 세상의 어떤 복과도 비교할 수 없다.

여자의 후손이 오시는 통로

하나님은 아담에게 약속하신 여자의 후손이 경건하기를 원하셨다. 그래서 사탄은, 악을 행하는 자는 악을 행하도록 그대로 두었지만 경건한 자들의 대를 끊으려고 부단히 시도했다. 사탄이 경건한 후손들에게 집중할 때 하나님은 경건하지 못한 조상을 통해 아브라함을 불러내신다. 경건하지 않은 사람을 통해서 여자의 후손이 나오겠는가? 하나님은 아담이 범죄했을 때 후손을 통해 구세주가 태어날 것을 얘기하시고, 경건하게 살기를 주문하셨을 것이다. 아담 역시 자녀들에게 경건하게 살기를 주문했을 것이고, 후손에게도 그랬을 것이다.

하지만, 세월이 흐르면서 사탄의 꾀임에 대부분의 사람이 타락하게 되었다. 그래서 하나님은 노아를 통해 죄 많은 인간을 멸망시키시고 소수의 경건한 후손들을 남기셨다.

> 옛 세상을 용서하지 아니하시고 오직 의를 전파하는 노아와 그 일곱 식구를 보존하시고 경건하지 아니한 자들의 세상에 홍수를 내리셨으며 (벧후 2:5).

하지만 세월이 흐르면서 대부분의 사람들이 또, 사탄의 꾀임으로 죄악에 빠졌다. 하나님은 노아와의 약속을 지키시기 위해 다시금 그들을 죽일 수는 없으셨다. 하나님은 사탄이 생각하지도 못한 방법으로, 우상을 만들고 우상을 섬기는 사람 셈의 후손 데라의 자녀를 통해 하나님의 일을 시작하기로 계획하셨다.

> 여호수아가 모든 백성에게 이르되 이스라엘의 하나님 여호와께서 이같이 말씀

하시기를 옛적에 너희의 조상들 곧 아브라함의 아버지 나홀의 아버지 데라가
강 저쪽에 거주하여 다른 신들을 섬겼으나 (수 24:2).

사탄은 구세주의 후손이 될 만한 통로의 사람들이 죄를 짓도록 한다. 그
리고 사탄은 아브라함의 후손의 씨를 말리려고 여러 번 시도한다. 구세주
의 통로가 된 이스라엘 민족의 신앙을 이스라엘 민족만의 신앙으로 치부
해서는 안 된다.

선택과 믿음으로 구원을 받고 상속자가 됨

하나님은 아브라함을 선택하셨고 아브라함은 자신과 아내가 나이가 너
무 많음을 알았지만 자식을 바랄 수 없는 중에 바라고 믿었다.

아브라함이 바랄 수 없는 중에 바라고 믿었으니 이는 네 후손이 이같으리라 하
신 말씀대로 많은 민족의 조상이 되게 하려 하심이라 (롬 4:18).

아브라함은 하나님이 약속하신 것은 반드시 지키신다는 것을 확신했다.
하나님은 이러한 아브라함의 믿음을 의로 여기셨다. 그리고 그에게 후손
을 주셨다. 하나님은 아브라함의 자손뿐만 아니라 이방인들도 하나님이
말씀하신 약속을 믿으면 누구나 아브라함으로 말미암아 상속자가 될 수
있다고 선포하셨다.

그런즉 믿음으로 말미암은 자들은 아브라함의 자손인 줄 알지어다 (갈 3:7).

즉, 구원자이신 예수를 믿으면 누구든지 하나님의 상속자가 될 수 있다

는 것이다. 그래서 이방인인 우리도 약속하신 것(예수 그리스도)을 지키시는 하나님을 믿음으로 구원을 받아 상속자가 될 수 있다.

> 그에게 의로 여겨졌다 기록된 것은 아브라함만 위한 것이 아니요 의로 여기심을 받을 우리도 위함이니 곧 예수 우리 주를 죽은 자 가운데서 살리신 이를 믿는 자니라 (롬 4:23~24).

Chapter 09
하나님과 사탄과 사람

성경에는 사탄이 하나님을 대적하는 일과 사람이 불순종할 때 하나님께서 사탄과 사람을 어떻게 다루시는가에 대한 내용이 보이지 않는 흐름 가운데 깔려 있다.

사탄이 피조물임을 망각하고 하나님이 되려고 했을 때 하나님은 사탄을 이용해 하나님나라 건설의 도구로 사용하셨고, 사람들이 불순종할 때는 엄청난 고난을 받게 내버려 두시고 그들이 어떻게 반응하는지를 주시하셨다. 그들이 순종할 때에야 하나님께서 평안과 번영을 주셨다. 성경에는 이러한 일들이 늘 반복되고 있다.

하나님과 사람과 사탄

성경은 하나님께서 인간을 어떻게 다루시는가에 대한 이야기를 기록하고 있다. 그래서 성경은 인간 역사의 한 단면이라고 할 수 있다. 성경에 의하면 인간의 생로병사와 인생의 모든 문제는 에덴동산에서 하나님의 말씀에 불순종하여 선악을 알게 하는 나무의 실과를 따 먹고 죄를 범함으로 인한 형벌의 결과임을 알 수 있다.

에덴동산에서 사람이 불순종하여 선악을 알게 하는 나무 열매를 따 먹는 사건에는 중요한 세 존재가 등장한다. 하나님과 사람과 사탄이다.

사람은 하나님이 먹지 말라고 한 선악을 알게 하는 나무를 따 먹었고, 사탄은 사람으로 하여금 하나님이 먹지 말라고 한 실과를 따 먹도록 유혹했다. 하나님은 범죄한 사람과 그를 유혹한 사탄에게 각각 합당한 형벌을 내리시면서 이후 여자의 후손과 뱀의 후손이 엄청나게 치열한 전쟁을 벌일 것임을 선포하셨다.

> 내가 너로 여자와 원수가 되게 하고 네 후손도 여자의 후손과 원수가 되게 하리니 여자의 후손은 네 머리를 상하게 할 것이요 너는 그의 발꿈치를 상하게 할 것이니라 (창 3:15).

그런데 아담이 홀로 선악을 알게 하는 나무 열매를 따 먹은 것이 아니라 뱀(사탄)의 유혹으로 따 먹은 것이었다. 사탄은 거기에 왜 갑자기 등장하여 사람으로 하여금 하나님께 범죄케 만들었을까? 그리고 하나님은 왜 여자의 후손과 치열한 싸움이 있을 것임을 선포하셨을까? 사탄은 하나님과 도대체 무슨 관계이며, 둘 사이에 무슨 일이 있었기에 하나님으로부터 그토록 미움을 받는 존재가 되었을까? 사탄은 왜? 그렇게 사람을 미워하며 할 수만 있으면 택한 자들까지도 미혹하여 구원받지 못하게 하려고 여자의 후손을 죽이려고 그렇게 발악을 했을까?

하나님께서는 왜 사탄의 유혹으로 죄를 범한 사람을 미워하지 않으시고 그토록 도우려고 하시며, 자신의 독생자까지도 그들을 위해 십자가에 달려 죽게 하셨을까? 그러고 보면 하나님과 사람, 사탄의 관계, 이 세 존재의 관계에 대한 이해가 필요하다.

이들의 관계를 성경 배경으로 살펴보면 성경은 하나님께서 오직 인간을 다루시는 이야기만을 기록하고 있는 것이 아니라 사탄을 다루시는 이야기 또한 기록하고 있다는 것을 알 수 있다. 이 세 존재의 관계를 바로 알 때 성경과 하나님의 뜻을 바로 이해할 수 있다.

성경에 나타난 또 다른 주요 주제는 인간을 향한 하나님의 목적에 대항하는 사탄과의 싸움이다. 사실 성경은 인간 역사에 나타나는 세 가지 커다란 투쟁의 과정을 보여준다.

하나는 현실에서 실제 벌어지는 하나님과 인간의 가시적인 싸움 이야기이고, 또 하나는 하나님과 사탄의 불가시적인 싸움 이야기이며, 나머지 하나는 하나님과 인간과 사탄의 구원사역을 둘러싼 싸움 이야기다.

천사장 루시퍼를 비롯한 많은 천사가 하나님을 대적했을 때, 하나님은 그들을 벌하셨다. 그것은 그들을 하늘나라에서 쫓아내시고 영원한 불 못 지옥에 보내시는 계획이었다. 루시퍼를 비롯한 수많은 천사가 마음으로 하나님을 대적할 것을 계획했을 때, 천사를 창조하신 하나님은 그들의 생각을 이미 다 알고 계셨다.

한편, 하나님은 천사들과 다른 특별한 존재인 하나님의 형상을 닮은 피조물을 창조하시고, 그 피조물인 사람을 하나님의 자녀로 삼으실 것을 계획하셨다. 그리고 타락한 천사들과 달리 사람은 피조물의 위치를 바로 알고 하나님을 잘 섬기기를 바라셨다.

하지만 피조물인 사람 역시 타락한 천사들과 마찬가지로 창조주 하나님처럼 되려는 교만에 빠져 결국 하나님의 명령을 어기고 말았다. 그래서 하나님은 사람에게 사망이라는 형벌을 가하셨다.

하나님은 사망의 권세를 사탄에게 주어 죄를 짓는 사람들을 다 죽이게 하셨지만, 죄가 없는 사람은 절대로 죽일 수 없게 하셨다. 만약, 사탄이 하나님의 이 명령을 어기고 죄 없는 사람들을 죽인다면 그것은 하나님의 명령에 대해, 또 한 번 더 불법을 저지르는 것이 되고 만다.

사탄은 어떤 수를 써서라도 하나님의 특별한 창조물인 사람이 죄를 짓게 만들려고 했다. 그래서 여자를 유혹하고 아담을 유혹해서 죄를 짓게 만든 것이다.

사탄은 죄가 있는 사람만 죽여야 하는데, 훗날 죄가 없는 구세주 예수님마저 죽이게 된다. 이로써 사탄은 죄가 없는 사람인 예수님을 죽이는 불법을 저지르게 된다. 그래서 이전에 하늘나라에서 쫓겨났을 때, 마음으로 하나님을 대적하려고 했던 사실이 예수님을 죽임으로써 행동으로 드러나게 되었다. 그래서 에스겔 28장 15절에서는 "사탄이 지음을 받던 날로부터 완전하더니 마침내 불의가 드러났도다"라고 기록하고 있다.

첫 사람 아담이 죄를 지어 죽었듯이 마지막 아담인 구세주도 인간의 모든 죄를 위해 반드시 죽어야 했다. 마지막 아담인 예수님의 죽음으로 인류의 모든 죄가 용서받을 수 있는 길이 열린 것이다.

하나님과 사탄과 욥

우스 땅에 욥이라는 사람이 살았다. 아내와 아들 일곱과 딸 셋을 두었으며 욥의 자녀들은 사이좋게 지내는 불화가 없는 가정이었다. 뿐만 아니라 욥은 하나님이 인정하는 온전하고 정직하며 하나님을 경외하고 악한 일을 미워하는 의인이었다. 욥은 자녀들이 죄를 짓지 않도록 가정교육도 잘

시켰고 혹여나 마음으로 자녀들이 하나님을 욕되게 한 일이 있을까 봐 하나님 앞에 죄의 용서를 구하는 번제를 수시로 드렸다.

> 우스 땅에 욥이라 불리는 사람이 있었는데 그 사람은 온전하고 정직하여 하나님을 경외하며 악에서 떠난 자더라 (욥 1:1).

욥은 수많은 종과 낙타, 양, 암나귀 등을 엄청나게 많이 소유한 사람이었으며 동방에서 으뜸가는 부자였지만 자신의 유익만을 취하지 않고 이웃을 돌보는 사람이었다. 가난한 사람을 도와주며 과부를 돌보고 고아들을 못 본 체하지 않고 돌봐줬으며 이들을 무시하지 않고 자신의 소유를 아낌없이 나누어 주었다. 뿐만 아니라 우스 땅에 사는 노인으로부터 젊은이, 귀족들, 지도자들에게 이르는 모든 사람들에게 존경을 받는 인물이었다. 세상 사람들이 보나 하나님께서 보시나 완벽한 하나님의 사람이었다.

> 내가 언제 가난한 자의 소원을 막았거나 과부의 눈으로 하여금 실망하게 하였던가 나만 혼자 내 떡덩이를 먹고 고아에게 그 조각을 먹이지 아니하였던가 실상은 내가 젊었을 때부터 고아 기르기를 그의 아비처럼 하였으며 내가 어렸을 때부터 과부를 인도하였노라 (욥 31:16~18).

> 나를 보고 젊은이들은 숨으며 노인들은 일어나서 서며 유지들은 말을 삼가고 손으로 입을 가리며 지도자들은 말소리를 낮추었으니 그들의 혀가 입천장에 붙었느니라 (욥 29:8~10).

욥이 늘 하나님께 죄를 짓는 행위를 하지 않을까 두려워하는 마음으로 살던 어느 날, 욥에게 엄청난 시련이 닥쳐오게 된다. 욥이 순식간에 모든 것을 잃게 되는 사건들이 일어나는데, 스바 사람들이 들이닥쳐 종들을 죽이고 기르던 소들과 암나귀들을 몽땅 탈취해 가버리고 만다. 또한 하늘에서 불이 떨어져 양떼와 양을 치던 종들을 몽땅 태워버리게 되고, 강도들이 낙타들을 빼앗고 종들을 칼로 죽이는 일들이 일어나게 된다.

여기에서 끝나는 것이 아니라 사막에서 불어온 강풍이 집을 덮쳐 열 명의 자녀들이 모두 깔려 죽고 마는 사건을 겪고 만다.

하지만 욥은 이 엄청난 시련에도 불구하고 하나님을 어리석게 원망하지 않고 자신의 모든 것은 하나님께서 주신 것이니 가져가시는 분도 하나님임을 고백하면서 하나님을 찬양함으로 하나님을 향한 신뢰를 입술로 시인했다.

> 이 모든 일에 욥이 범죄하지 아니하고 하나님을 향하여 원망하지 아니하니라
> (욥 1:22).

그리고 얼마 후 이번에는 욥의 발끝에서 머리끝까지 종기가 나서 잿더미에 앉아 기와 조각으로 온몸을 벅벅 긁어야만 그나마 견딜 수 있는 상황이 되었다. 이 상황을 지켜 본 욥의 아내가 차라리 하나님을 저주하고 죽어버리라고 말한다. 그럼에도 불구하고 욥은 하나님을 원망하지 않고 아내를 도리어 꾸짖는다.

욥의 불행한 일에 대한 소식을 들은 욥의 세 친구가 멀리서 찾아와 욥을 위로하지만, 이 친구들도 욥이 분명히 하나님께 죄를 지었기 때문이라고 욥을 질책한다. 욥은 이 엄청난 시련 동안 한 번도 하나님을 원망하지 않고 끝까지 하나님을 신뢰하는 모습을 보임으로 인해 결국 하나님으로부터 더 큰 복을 받고 자녀도 다시 열 명을 더 낳고 재산도 이전보다 더 많아

졌으며, 140년을 더 살면서 자손을 4대까지 보았고 장수의 복을 누린 후 세상을 떠나게 된다.

> 그 후에 욥이 백사십 년을 살며 아들과 손자 사 대를 보았고 욥이 늙어 나이가
> 차서 죽었더라 (욥 42:16~17).

욥기를 읽어보면 욥기 1~2장에서 욥이 엄청난 고난을 사탄으로부터 받으나 하나님을 결코 원망하지 않는다. 그리고 2장 후반부부터 마지막 42장까지는 그 소식을 들은 친구들이 찾아와서 욥을 위로하는데, 욥을 위로한다는 그 말이 욥이 듣기에는 사탄이 준 고통 못지않게 고통스러운 상처를 주는 말로 들린다.

그러나 욥은 인내하여 마침내 갑절의 복을 받고 행복하게 살다가 죽었다는, 처음은 불행하지만 행복한 결말로 마치는 해피엔딩의 이야기이다.

그런데 욥기의 서두에서 욥이 고난을 받는 이유는 하나님께서 사탄을 격동시키면서 시작됨을 알 수 있다. 만일 하나님께서 사탄에게 욥의 훌륭한 모습을 자랑하거나 칭찬하지 아니하였더라면 사탄은 욥에 대해 그다지 관심을 갖지 않았을 것이고 그렇게 엄청난 고통과 환난을 주지 않았을 것이다.

사탄의 등장은 욥기 1~2장에만 등장하고 그 이후로는 보이지 않는다. 하나님의 말씀을 듣고 그렇게 심하게 격동하여 욥을 죽이고 싶을 정도로 시기하고 미워하던 사탄이 갑자기 등장하지 않는 것이다.

3장에서부터 사탄은 과연 어디로 사라진 것일까? 왜 더 이상 보이지 않는 것일까? 욥을 시기하고 미워하던 사탄의 마음이 변한 것이 아니다. 욥

의 곁을 떠나 다른 곳으로 이동한 것도 아니다. 욥의 믿음이 너무 강해서 더 이상 욥을 괴롭힐 전략을 찾지 못해 그저 지켜만 보고 있는 것이 아니다.

사탄은 타락한 천사이지 결코 선한 천사가 아니다. 사탄은 모든 것을 잃고 몸에 생긴 병으로 괴로워서 절망하며 살아갈 용기를 잃어버린 욥에게 처음에는 아내를 통해 하나님을 원망하게 하려고 했다. 그러나 실패하였고 다음으로 그의 친구들을 데려와 위로하는 척하면서, 사실은 아주 합리적이고 논리정연한 말로 하나님을 원망하라고 시험하고 있는 것이다.

> 이것은 이상한 일이 아니라 사탄도 자기를 광명의 천사로 가장하나니 (고후 11:14).

욥은 여느 사람과 달리 늘 하나님께 순종하는 삶을 살았고 이것을 질투한 사탄은 욥에게 엄청난 시련을 주게 된다. 그러나 욥의 엄청난 고난 뒤에는 하나님이 사탄으로 하여금 수치를 당하게 하기 위한 숨겨진 계획이 있었다. 하나님은 사탄에게 욥의 생명만 빼고 마음대로 해보라고 하신다. 그 결과 욥은 사탄과 달리 하나님을 배반하지 않았고, 다른 사람과 달리 고난 가운데서도 하나님을 신뢰하는 모습을 보임으로써 사탄은 부끄러움을 당하게 된다.

그러므로 욥기를 읽으면서 하나님과 사탄의 관계, 하나님과 욥의 관계, 사탄과 욥의 관계라는 성경의 배경을 이해하지 못하거나 놓쳐버린다면 욥기의 가장 중요한 주제인 하나님의 마음을 헤아리지 못하게 되는 우를 범하게 된다. 왜? 하나님을 경외하는 성도인 욥이 사탄의 시험을 인내하며 이겨내고 승리해야만 하는가?

　사탄은 욥이 하나님을 잘 경외하고 순종하는 것이 가정적으로 자녀들이 서로 우애 있게 지내서 행복하고, 부부관계도 좋고 재산이 풍성하고, 하는 일들마다 모든 것이 형통하여 무엇 하나 부족함이 없기 때문이라고 하나님께 따졌다. 그러나 하나님은 사탄에게, 욥은 타인이 갖지 못한 남보다 우월한 환경을 소유했기 때문에 하나님을 경외하는 것이 결코 아니라고 반박하였고 그것을 증명하기 위해 사탄에게 시험을 허락하셨다.

　사탄은 하나님의 주장이 틀렸다는 것을 수단과 방법을 가리지 않고 증명해 보이려고 하였다. 이번 기회에 자신이 하나님보다 한 수 위라는 것을 보여주고 싶었을 것이다. 사탄은 언제나 자신이 하나님보다 한 수 위라고 착각하고 있었기 때문에 욥을 통해 하나님을 이겨보려고 하였다.

　사실 사탄은 타락하기 전에 다른 천사들에 비해 우월한 존재로 지음을 받고 하나님의 큰 사랑을 받는 존재였다. 그런 면에서 사탄은 다른 천사들보다 하나님을 백 배, 천 배로 더 신뢰하고 경외하며 사랑했어야 마땅했다. 그런데 그는 어떤 일을 저질렀는가? 지음을 받던 날부터 엄청난 특권을 누리던 사탄은 교만하여져서 하나님의 자리를 넘보고 스스로 하나님(신)이 되려고 하였다.

　하나님과 사탄은 욥과 세 친구들의 대화를 지켜보고 있었다. 만약 욥이 시련을 통과하지 못했다면 사탄은 하나님께, '하나님이 그렇게 신뢰하는 욥도 육신과 물질과 명예의 어려움이 오면 하나님을 배신하지 않습니까!' 하면서 큰소리를 쳤을 것이다. 그러나 모든 시험이 끝난 후 하나님은 사탄에게 말씀하셨을 것이다. '봐라! 욥은 너 보다 부족하지만 더 위대하지 않느냐!'

하나님은 욥의 환난 시험을 통해 이전에 사탄이 하나님을 대적하고 반역한 일이 얼마나 잘못한 일인가를 사탄이 깨닫기를 바라셨는지도 모른다. 만약에 욥이 그 환난 시험을 이겨내지 못하고 하나님을 원망하였더라면 사탄은 자신의 잘못도 정당한 것으로 주장하며 자신을 형벌하시는 하나님을 공의롭지 못한 하나님으로 몰아갔을 것이다.

여기서 하나님을 경외하는 성도들은 하나님을 신뢰하고 경외하는 것이 어떤 조건에 따른 것이 아닌 내가 피조물이기에 창조주 하나님을 경외함이 마땅함을 고백하고 어떤 시험과 환난도 감사함으로 이겨내어 하나님께 영광이 되도록 해야 한다. 하나님은 욥이 시험을 이겨냈을 때 참으로 자랑스러우셨을 것이다. 그리고 사탄을 향해 이렇게 말씀하셨을 것이다. '사탄아! 보았느냐? 이것이 너와 욥의 차이점이다.'

욥은 창조주와 피조물의 관계를 확실히 인식하고 엄청나게 어려운 환경에서도 결코 하나님을 원망하지 않았지만 반면에 사탄은 그 누구보다 으뜸으로 창조되었지만 한순간 자신이 피조물임을 망각하고 하나님을 대적하고 지금도 원망하고 있다.

욥은 아내와 친구들이 속을 뒤집어 놓는 말을 했어도 하나님을 결코 원망하지 않았지만, 사탄은 그 누구보다도 엄청난 특혜를 받았음에도 불구하고 악하고 못된 생각으로 하나님을 대적했다.

아브라함은 믿음으로 여자의 후손이 오는 통로가 되어 인류사에 위대한 인물로 남게 되었지만 우리는 욥의 모습에 더욱 주목해야 한다. 욥은 믿는 자로서 훌륭한 믿음의 모델이 되는 사람이기 때문이다. 그러기에 우리는 이제 아브라함보다 욥의 위치에서 신앙생활을 해야 한다. 장성한 자가 되었다면 복을 추구하는 것보다 고난과 시련의 환경에서도 하나님을 원망하지 않고 신뢰하며 나아가야 한다.

삶 가운데 어떠한 상황이나 환경에 영향을 받지 않고 오직 하나님만 의지하고 순종하는 삶을 살아서 욥처럼 인내하고 감사함으로 우리의 바른 삶을 통해 사탄으로 하여금 수치를 당하게 만들어야 한다.

하나님나라 건설을 방해하려는 사탄의 전략

사탄은 하나님이 하나님나라를 건설하는 일을 방해하는 대적자로 전락했고, 어떻게 해서든지 하나님나라 건설을 저지하려 했다. 구세주가 태어남으로 하나님나라 건설이 완성되면 자신의 최후가 어떻게 된다는 것을 너무나도 잘 알고 있기 때문이다.

하나님이 우주만물 창조의 최고봉인 사람을 창조하실 때 하나님의 형상을 닮은 영을 사람 속에 불어 넣으시는 것을 사탄은 목격했다. 사탄은 자신에게는 없는 하나님의 영이 들어 있는 사람으로부터 경배를 받으면, 곧 하나님이 자신을 경배하는 것과 같은 의미라고 생각하고 사람을 통해 경배받기를 원했다.

그래서 사람을 범죄 하게 만들어 자신의 종으로 삼아 사탄의 왕국을 건설하고 경배를 받는 존재가 되겠다는 소기의 목적을 달성하게 된다. 자신이 오랫동안 원하고 바랐던 경배의 대상이 된 것이다.

그러나 하나님나라 건설을 방해한 아담의 범죄를 하나님은 도리어 구세주가 여자의 후손으로 세상에 와서 하나님나라 건설을 제대로 사람들에게 알리는 일을 하게 될 것임을 예언하셨다. 사탄은 당황스러워졌다. 그래서 구세주가 태어나지 못하도록 방해하는 전략을 세워 사람들의 배후에서 그들을 조종했다.

> 내가 너로 여자와 원수가 되게 하고 네 후손도 여자의 후손과 원수가 되게 하
> 리니 여자의 후손은 네 머리를 상하게 할 것이요 너는 그의 발꿈치를 상하게
> 할 것이니라 하시고 (창 3:15).

사탄은 아담의 후손으로 가인과 아벨이 태어나자 둘을 타락시켜 하나님
을 경배하지 못하도록 하려고 했다. 그러나 아벨은 사탄의 타락에 동참하
지 않았고 하나님을 경배하는 첫 번째 제사를 잘 드렸다. 그래서 사탄은
이번에는 가인을 조종하여 아벨을 죽임으로써 구세주가 오는 통로를 막
고자 했다.

> 가인이 그의 아우 아벨에게 말하고 그들이 들에 있을 때에 가인이 그의 아우
> 아벨을 쳐죽이니라 (창 4:8).

그러나 하나님은 셋을 통해 의로운 후손이 올 수 있는 길을 여셨다. 사탄
은 자신의 전략이 성공했다고 생각했지만, 하나님께서는 아담과 하와를
통해 새로운 자녀 셋을 주심으로 구세주가 태어날 통로를 마련해 주셨다.

> 아담이 다시 자기 아내와 동침하매 그가 아들을 낳아 그의 이름을 셋이라 하였
> 으니 이는 하나님이 내게 가인이 죽인 아벨 대신에 다른 씨를 주셨다 함이며
> (창 4:25).

세월이 많이 흘러가면서 아담의 후손이 생육하고 번성하여 많은 자녀를
낳게 되었다. 사탄은 수많은 사람 중에서 누구를 통해서 구세주가 태어날

지 알 수 없었다. 사탄은 모든 사람들이 죄를 짓도록 유도하여 경건한 사람들을 타락시켰다. 사탄은 세상의 임금으로 군림하면서 사람으로부터 경배 받으며 자신의 성공에 도취되어 있었다.

그러나 하나님은 의로운 후손을 남겨 두셨는데 그는 BC 2500년경에 살았던 노아라는 사람이다. 노아는 당대의 의로운 사람이었다. 물론, 노아 역시 아담의 원죄를 가지고 태어났고 죄를 지었겠지만 하나님을 의지하고 순종하는 그를 하나님은 의롭다고 인정해 주셨다.

> 이것이 노아의 족보니라 노아는 의인이요 당대에 완전한 자라 그는 하나님과 동행하였으며 (창 6:9).

당시 사람들은 대부분 창조주 하나님의 존재를 부정했다. 그래서 그들은 늘 생각하고 계획하는 모든 악한 마음을 가지고 자신들의 소견에 좋은 대로 행동하며 살았다. 살인, 간음, 동성애, 무분별함 등 인간의 치부를 다 드러내고도 자신들의 수치를 깨닫지 못했다.

> 여호와께서 사람의 죄악이 세상에 가득함과 그의 마음으로 생각하는 모든 계획이 항상 악할 뿐임을 보시고 (창 6:5).

하나님은 죄악 된 세상을 더 이상 볼 수 없어 홍수로 땅을 심판하시고 경건한 노아의 식구 여덟 명만 살리고 인류의 모든 사람을 수장시키셨다. 그리고 노아를 통해 아담에게 줬던 생육하고 번성하고 온 땅에 충만하라는 복을 주셨고 노아와 후손들은 하나님의 명령을 순종하며 생육하고 번성했다.

하나님이 노아와 그 아들들에게 복을 주시며 그들에게 이르시되 생육하고 번성하여 땅에 충만하라 (창 9:1).

사탄은 구세주가 오는 통로를 노아 식구들에게만 주목하면 되었지만 세월이 흐르면서 사람들이 번성하고 생육하여 많아지자 이전과 같이 사람들을 타락하게 만들 뿐만 아니라 사람들로 하여금, 하나님이 온 세상에 편만하게 살라고 하신 명령을 어기고 한 곳에 모여 살며 자신들의 이름을 높이고 하나님과 같이 되게 하도록 조종하여 엄청나게 높은 바벨탑을 쌓게 한다. 구세주의 조상이 되지 못하도록 사람들이 경건한 삶을 살지 않고 죄짓도록 사탄은 늘 배후에서 조종했다.

사탄은 인류의 대부분이 하나님의 말씀에 불순종하여 경건하지 못한 삶을 살게 만들었다. 그러나 하나님은 우상을 만드는 데라의 아들 아브라함을 통해 하나님나라 건설의 기초를 시작하셨다. 하나님은 아브라함의 후손에서 구세주가 올 것이라고 하셨다. 사탄은 한방 먹은 기분이었을 것이다. 그동안 경건한 후손을 타락시키는 일에 전력을 기울였는데, 우상을 만들어 파는 사람의 아들 가운데서 하나님을 믿는 믿음의 사람이 나타났기 때문이다.

내가 네(아브라함)게 큰 복을 주고 네 씨가 크게 번성하여 하늘의 별과 같고 바닷가의 모래와 같게 하리니 네 씨가 그 대적의 성문을 차지하리라 (창 22:17).

사탄은 이제 아브라함의 후손을 통해 구세주가 오지 못하도록 하기 위해 아브라함의 씨를 부정하게 만들고 씨를 말리려고 했다. 아브라함은 유목민이었는데 그랄이라는 곳으로 이주하면서 미모의 아내 사라로 말미암아 자신의 목숨이 위태로워질까 봐 누이라고 속임으로 인해 그랄 왕 아비멜렉이 사라를 아내로 취하려고 데려가는 사건이 벌어지게 된다. 사탄은 아브라함의 씨를 통해 구세주가 태어나는 것을 방해했다고 생각했다. 그러나 하나님은 아비멜렉의 꿈에 나타나 사라에게 손을 대면 그를 죽이겠다고 말씀하셨다. 아비멜렉은 기겁하고 사라를 아브라함에게 돌려보냈다.

> 그의 아내 사라를 자기 누이라 하였으므로 그랄 왕 아비멜렉이 사람을 보내어 사라를 데려갔더니 (창 20:2).

이후에도 하나님은 가뭄으로 아브라함의 후손들이 죽게 되자 요셉을 통해 구원의 길을 여셨고, 야곱의 아들들이 세겜성 사람들을 학살하고 도망갈 때 주위의 다른 성에서 야곱 식구들을 공격하지 못하도록 막으셨다. 하나님은 하나님의 계획을 하나님의 뜻대로 행하셨고 사탄은 끊임없이 하나님의 일을 방해해 왔다.

아브라함의 후손이 이집트로 이주할 때 그 수가 70명 정도였는데, 430년을 지나면서 200만 명 이상으로 늘어나게 되었다. 사탄은 이 많은 아브라함의 후손 중에서 누구를 통해 구세주가 태어날지 몰랐기에 이스라엘 남자들이 태어나면 모조리 죽이는 정책을 이집트의 왕 파라오의 배후에서 조종했다. 그러나 하나님은 모세를 통해 이스라엘을 구원하셨다.

세월이 지나 하나님은 BC 1000년경 이스라엘의 2대 왕인 다윗을 통해 구세주가 태어날 통로가 될 것이라고 축복한다. 사탄은 이제 다윗에게만 주목하고, 다윗이 구세주의 조상이 되지 못하도록 사울 왕을 통해 끊임없이 다윗을 죽이려고 하지만 그때마다 하나님께서 다윗을 도우셔서 결국 그가 그리스도의 조상이 되게 하셨다.

> 다윗이 광야의 요새에도 있었고 또 십 광야 산골에도 머물렀으므로 사울이 매
> 일 찾되 하나님이 그를 그의 손에 넘기지 아니하시니라 (삼상 23:14).

여자의 후손에서 노아의 후손으로 그리고 아브라함의 후손 중에서 다윗
의 후손을 통해 그리스도가 태어난다는 사실을 알게 된 사탄은 이제 다윗
의 후손만 주목하면 되었고 다윗의 후손만 모조리 죽이면 자신의 계획이
성공한다고 생각했다.

사탄은 BC 840년경 아달랴 여왕의 배후에서 다윗 자손의 씨를 말리려
한다. 그러나 하나님은 요아스 한 명을 남겨 다윗의 혈통을 이어가게 하
신다.

> 아하시야의 어머니 아달랴가 자기의 아들이 죽은 것을 보고 일어나 유다 집의
> 왕국의 씨를 모두 진멸하였으나 (대하 22:10).

BC 474년, 사탄은 페르시아의 아하수에로 왕 때 하만의 배후에서 이스
라엘 민족을 몰살하려는 계략을 꾸미게 되는데, 이때도 하나님께서 모르
드개와 에스더를 통해 도리어 하만이 죽임을 당하게 만드신다.

> 첫째 달 십삼일에 왕의 서기관이 소집되어 하만의 명령을 따라 왕의 대신과 각
> 지방의 관리와 각 민족의 관원에게 아하수에로 왕의 이름으로 조서를 쓰되 곧
> 각 지방의 문자와 각 민족의 언어로 쓰고 왕의 반지로 인치니라 이에 그 조서
> 를 역졸에게 맡겨 왕의 각 지방에 보내니 열두째 달 곧 아달월 십삼일 하루 동
> 안에 모든 유다인을 젊은이 늙은이 어린이 여인들을 막론하고 죽이고 도륙하

고 진멸하고 또 그 재산을 탈취하라 하였고 (에 3:12~13).

사탄은 끊임없이 구세주가 태어날 통로를 차단하려고 시도하지만 하나님께서 그때마다 사탄의 계략을 무력화시키셨다. 그리고 하나님의 때에 하나님의 아들인 구세주 예수님이 탄생하셨다. 이제 사탄은 예수님을 죽이는 방향으로 전략을 바꿔야만 했다. 그래서 예수님이 태어날 당시 유대의 왕인 헤롯을 통해 예수님이 탄생한 곳 베들레헴 주변의 2살 이하의 아이들을 몽땅 죽이게 되지만 이때 역시 하나님께서 예수님의 가족이 이집트로 피할 길을 열어주셨다.

> 이에 헤롯이 박사들에게 속은 줄 알고 심히 노하여 사람을 보내어 베들레헴과 그 모든 지경 안에 있는 사내아이를 박사들에게 자세히 알아본 그 때를 기준하여 두 살부터 그 아래로 다 죽이니 (마 2:16).

그리고 결국 사탄은 구세주 예수님을 십자가에 매달아 죽이게 된다. 사탄의 왕국에서는 큰 잔치가 벌어졌다. 구세주를 죽임으로써 더 이상 하나님나라 건설이 이루어지지 않을 것이라는 큰 승리감에 도취되어 있었다. 하지만 사흘이 지나자 상황이 완전히 역전이 되었다. 하나님께서 예수님을 다시 살리신 것이었다. 이로 인해 사탄이 가지고 있던 막강한 죽음의 권세마저 예수님 앞에서는 무용지물이 되어 사탄은 결국 멸망당하게 되었다.

> 이를 위하여 그리스도께서 죽었다가 다시 살아나셨으니 곧 죽은 자와 산 자의 주가 되려 하심이라 (롬 14:9).

> 자녀들은 혈과 육에 속하였으매 그도 또한 같은 모양으로 혈과 육을 함께 지니심은 죽음을 통하여 죽음의 세력을 잡은 자 곧 마귀를 멸하시며 (히 2:14).

이제 사탄은 믿는 우리가 하나님나라와 예수 그리스도를 전하지 못하도록 방해한다. 사도와 제자들을 통해 복음이 전해지는 곳에는 엄청난 핍박을 가해서 복음이 전해지지 못하도록 하고 있다.

- 박해를 받음과 고난과 또한 안디옥과 이고니온과 루스드라에서 당한 일과 어떠한 박해를 받은 것을 네가 과연 보고 알았거니와 주께서 이 모든 것 가운데서 나를 건지셨느니라 (딤후 3:11).

그리고 이스라엘 민족을 전 세계로 흩어버리고 지구상에서 이스라엘이라는 나라를 없애버렸다. 히틀러를 통해 유대인을 학살하고 공산주의 사상과 스탈린을 통해 하나님을 믿는 사람들을 핍박했다. 사탄은 지도자들의 배후에서 그들이 악을 행하도록 유도하고 사람들이 그 죄악에 동참하도록 부추겨왔다. 물론 지금도 그 일을 배후에서 조종하면서 하나님나라가 조금이라도 늦게 완성되도록 방해하고 있다.

처음 사탄의 전략은 하나님나라 건설을 방해하기 위해서 구세주가 이 땅에 태어나지 못하도록 하는 것이었으며, 이 전략이 실패하자 구세주이신 예수님을 죽이는 전략으로, 그리고 이제는 하나님나라와 예수님이 그리스도임을 믿지 못하도록 신자들을 핍박하고 죽이는 전략을 사용하고 있다. 그럼에도 불구하고 하나님은 태초 이전에 계획하신 하나님나라 건설을 위해 지금도 일하고 계신다.

비록 무화과나무가 무성하지 못하며 포도나무에 열매가 없으며
감람나무에 소출이 없으며 밭에 먹을 것이 없으며
우리에 양이 없으며 외양간에 소가 없을지라도
나는 여호와로 말미암아 즐거워하며
나의 구원의 하나님으로 말미암아 기뻐하리로다
하박국 3장 17절~18절

아들을 낳으리니

이름을 '예수'라 하라

이는 그가 자기 백성을 그들의 죄에서 구원할 자이심이라 하니라

마태복음 1장 21절

2부
하나님나라 선포

예수께서 이르시되 내가 다른 동네들에서도
하나님의 나라 복음을 전하여야 하리니
나는 이 일을 위해 보내심을 받았노라
누가복음 4장 43절

Chapter 10
구세주(구원자, 그리스도, 메시야)

'메시야'라는 이름은 '기름 부음을 받은 자'라는 의미로 히브리어 단어이다. 신약성경에서는 예수님을 '그리스도'라고 불렀는데 이것은 헬라어로 메시야와 같은 뜻이다. 그것은 기름 부음을 받은 선지자, 제사장, 왕, 그리고 유대인들이 메시야의 오심을 열렬히 기대하고 있던 구원자를 의미한다.

예수님이 이스라엘 땅에 구원자로 오셨을 때 수많은 유대인들은 오직 로마의 속박으로부터 그들을 구해낼 구원자로서 그리고 정치적으로 이스라엘의 국가적 번영을 이룰 인물로 기대했다. 그러나 정치·종교 지도자들과 대부분의 사람들이 구세주로 오신 예수님을 거부하였다. 오직 일부 사람들만이 예수님을 메시야로 받아들였다.

그 말을 믿는 사람도 있고 믿지 아니하는 사람도 있어 (행 28:24).

구원자로 오신 그분의 이름은 '예수'이며 그분은 2천여 년 전에 이스라엘 땅에서 사람의 몸을 통해 태어나셨다.

아들을 낳으리니 이름을 예수라 하라 이는 그가 자기 백성을 그들의 죄에서 구원할 자이심이라 하니라 (마 1:21).

예수님은 겉으로 보기에 흠모할 만한 것이 없는 분으로 오셨다. 영화나 사진으로 본 모습처럼 잘생기고 멋진 모습이 아니었다. 이스라엘의 초대 왕인 사울은 신장이 크고 준수한 모습이라, 이스라엘 백성들이 자신들의 지도자 왕이 되어도 손색이 없을 것이라고 생각할 정도였지만 예수님은 외적으로 사람들의 눈에 띄지 않는 존재였다. 뿐만 아니라 사람들은 이스라엘 민족의 메시야로 오실 분은 다윗왕의 후손으로 온다고 믿고 있었기에 메시야가 당연히 예루살렘의 왕궁에서 태어날 것으로 생각했다. 한마디로 예수님은 사회적 지위도 없고 풍채도 없었고 흠모할 만한 외모가 아니었기에 겉으로 보이는 것을 중요하게 여기는 사람들에게는 구세주로 오신 예수님을 알아보지 못했을 수도 있었을 것이다.

그는 주 앞에서 자라나기를 연한 순 같고 마른 땅에서 나온 뿌리 같아서 고운 모양도 없고 풍채도 없은즉 우리가 보기에 흠모할 만한 아름다운 것이 없도다 (사 53:2).

아니 어쩌면 자신들의 그리스도로 인정하기 싫었다는 말이 더 옳은 표현일 수도 있을 것이다.

빌립이 나다나엘을 찾아 이르되 모세가 율법에 기록하였고 여러 선지자가 기록한 그이를 우리가 만났으니 요셉의 아들 나사렛 예수니라 나다나엘이 이르되 나사렛에서 무슨 선한 것이 날 수 있느냐 빌립이 이르되 와서 보라 하니라 (요 1:45~46).

구약의 구세주에 대한 예언

구약에 기록된 구세주에 대한 많은 예언들이 신약에서 성취되었다. 성경에 기록된 구세주에 대한 예언은 셀 수 없을 정도로 많다. 그리스도가 오시기 전의 구약의 선지자들은 그리스도의 초림과 재림 사건들을 구분하여 이해하지 못했다. 그래서 2천여 년 전에 예수라는 이름으로 오신 그리스도에 대한 구약의 예언이 이루어진 것은 초림의 사건이고, 아직 이루어지지 않은 것은 재림 때에 일어날 일들에 대한 예언을 기록한 것이다.

> 내가 받은 것을 먼저 너희에게 전하였노니 이는 성경대로 그리스도께서 우리 죄를 위하여 죽으시고 장사 지낸 바 되셨다가 성경대로 사흘 만에 다시 살아나사 (고전 15:3~4).

> 진실로 너희에게 이르노니 여기 서 있는 사람 중에 죽기 전에 인자가 그 왕권을 가지고 오는 것을 볼 자들도 있느니라 (마 16:28).

예수님은 구약의 예언대로 여자의 후손으로, 아브라함과 다윗의 후손으로 오셨다. 구약에 기록된 그리스도에 대한 선지자들의 수많은 예언이 이루어졌고, 예수님은 자신이 그리스도임을 나타내기 위해서 구약성경에 기록된 예언대로 일부러 행하신 일도 있다.

> 그 후에 예수께서 모든 일이 이미 이루어진 줄 아시고 성경을 응하게 하려 하사 이르시되 내가 목마르다 하시니 (요 19:28).

구약에 나타난 구세주의 예표

예표란 예언을 미리 보여주는 구약성경의 사건이나 말씀을 의미한다. 구약시대에 나타난 구세주에 대한 예표는 무수히 많다. 이 중에서 몇 가지만 언급하고자 한다.

창세기 3장 15절에서는 구세주가 여자의 후손에서 태어난다고 기록하고 있는데 여자의 후손이 뱀의 머리를 상하게 할 것이라는 것을 예언하고 있다. 여기에 나타난 여자의 후손이 바로 예수 그리스도시다.

> 때가 차매 하나님이 그 아들을 보내사 여자에게서 나게 하시고 율법 아래 나게 하신 것은 율법 아래 있는 자들을 속량하시고 우리로 아들의 명분을 얻게 하려 하심이라 (갈 4:4~5).

창세기 6장 14절~16절에는 노아를 통해 구원의 방주를 만드시는 사건이 있다. 방주의 창문은 여러 개 만들었지만, 출입구는 오직 하나만 만들어 그곳으로 들어온 사람과 동물만이 구원을 얻었다. 이것은 오직 구원의 문은 하나밖에 없다는 것을 상징하는 것이고, 구원의 문은 예수 그리스도를 나타내는 것이다.

> 내가 문이니 누구든지 나로 말미암아 들어가면 구원을 받고 또는 들어가며 나오며 꼴을 얻으리라 (요 10:9).

> 예수께서 이르시되 내가 곧 길이요 진리요 생명이니 나로 말미암지 않고는 아버지께로 올 자가 없느니라 (요 14:6).

> 이 예수는 너희 건축자들의 버린 돌로서 집 모퉁이의 머릿돌이 되었느니라 다른 이로써는 구원을 받을 수 없나니 천하사람 중에 구원을 받을 만한 다른 이름을 우리에게 주신 일이 없음이라 하였더라 (행 4:11~12).

창세기 22장 1절~19절에는 기원 전 2천여 년경, 아브라함이 아들 이삭을 제물로 바친 사건이 기록되어 있다. 이때 이삭 대신에 숫양이 제물로 바쳐지는 일이 발생하는데, 제물로 희생당한 양은 그리스도 예수께서 모든 인류를 대신하여 십자가에서 제물이 되어 희생당할 것을 상징하는 사건이었다.

> 읽는 성경 구절은 이것이니 일렀으되 그가 도살자에게로 가는 양과 같이 끌려갔고 털 깎는 자 앞에 있는 어린 양이 조용함과 같이 그의 입을 열지 아니하였도다 (행 8:32).

창세기 28장 10절~22절에는, 야곱이 벧엘이라는 곳에서 돌베개를 베고 잠을 자는데 꿈에 사다리가 땅에서부터 하늘로 닿았고 천사들이 사다리 위로 오르락내리락하는 광경을 보았다. 여기서 사다리는 구세주를 상징한다. 하나님과 단절된 인간이 하나님께 나아갈 수 없게 되었지만, 사다리 되신 그리스도를 통해서만이 하나님께 나아갈 수 있다.

> 또 이르시되 진실로 진실로 너희에게 이르노니 하늘이 열리고 하나님의 사자들이 인자 위에 오르락내리락 하는 것을 보리라 하시니라 (요 1:51).

출애굽기 26장 1절~37절에는, 기원 전 1,400여 년경, 이스라엘 백성이 이집트를 탈출하고 나서 성막을 지어 하나님이 계실 곳을 만들었다. 하나님을 만나려면 하나뿐인 성막의 문을 통해서 휘장을 지나야만 만날 수 있었다. 하나님이 계신 곳은 너무나도 거룩한 곳이라 하나님을 아무나 함부로 만날 수 있는 것은 아니었다. 대제사장만이 1년에 한 번 이스라엘 백성의 죄를 용서받기 위해 들어갈 수 있었다.

성막의 문은 그리스도를 상징한다. 사람들은 하나님과 대면할 수가 없었다. 하나님과 사람들 사이에는 휘장으로 막혀 있었다. 예수님은 자신이 '양의 문'이라고 말씀하셨다. 성막의 시대가 끝이 난 이후, 솔로몬이 성전을 건축했을 때도 휘장으로 하나님과 만날 수 있는 길을 막았다.

그러므로 예수께서 다시 이르시되 내가 진실로 진실로 너희에게 말하노니 나는 양의 문이라 (요 10:7).

오직 둘째 장막은 대제사장이 홀로 일 년에 한 번 들어가되 자기와 백성의 허물을 위하여 드리는 피 없이는 아니하나니 성령이 이로써 보이신 것은 첫 장막이 서 있을 동안에는 성소에 들어가는 길이 아직 나타나지 아니한 것이라 (히 9:7~8).

예수님께서 십자가에서 죽으심과 동시에 휘장이 찢어졌다. 이후로는 휘장이 없으므로 누구나 언제든지 예수 그리스도를 믿음으로 하나님께 나아갈 수 있게 되었다. 구세주 예수께서 하나님과 사람 사이에 막혀 있던 담을 헐어버리신 것이다.

그 길은 우리를 위하여 휘장 가운데로 열어 놓으신 새로운 살 길이요 휘장은 곧 그의 육체니라 (히 10:20).

그는 우리의 화평이신지라 둘로 하나를 만드사 원수된 것 곧 중간에 막힌 담을 자기 육체로 허시고 (엡 2:14).

민수기 21장 8절~9절에는, 기원전 1,400여 년경, 이스라엘 민족이 광야에서 생활하며 자주 불평하는 장면이 나온다. 하나님은 그들에게 독이

가득한 독사를 보내셨고 사람들은 독사에게 물려 죽어갔다. 그리고 하나님은 모세를 통해 구리뱀을 만들어 장대에 매달게 하셨다. 장대에 달려있는 구리뱀을 쳐다본 사람은 죽지 않았다. 장대에 달린 구리뱀은 십자가에 달린 예수 그리스도를 상징한다. 십자가에서 죽으신 예수 그리스도를 믿는 사람에게는 죽음에서 구원의 길을 열어주셨다. 광야에서 불뱀에게 물린 자를 구원하기 위해 모세가 장대 위에 높이 매달아 놓은 놋뱀을 쳐다본 이들은 모두 살게 되었다.

> 모세가 광야에서 뱀을 든 것같이 인자도 들려야 하리니 이는 그를 믿는 자마다 영생을 얻게 하려 하심이니라 (요 3:14~15).

놋뱀은 십자가에서 달리신 예수 그리스도를 예표하고 있다. 모세의 장대 위에 달린 놋뱀을 쳐다보는 행위는 곧 믿음의 행위이다. 놋뱀을 쳐다보는 행위는 결코 어려운 일이 아니다. 그냥 쳐다보기만 하면 되었듯이 예수님에 대해서도 우리는 그분을 나의 구세주로 인정하고 믿기만 하면 되는 것이다.

요나서 1장 14절~17절에는, 기원전 760여 년경, 요나 선지자가 하나님의 명령을 피해 도망가다가 큰 물고기에게 통째로 삼켜지는 사건이 등장한다. 요나는 삼 일을 물고기 뱃속에 있다가 살아나게 되는데, 요나의 기적은 예수 그리스도께서 십자가에 죽으시고 삼 일만에 부활하실 것을 상징하는 것이다.

> 요나가 밤낮 사흘 동안 큰 물고기 뱃속에 있었던 것같이 인자도 밤낮 사흘 동안 땅 속에 있으리라 (마 12:40).

출애굽기 12장 5절에는, 이스라엘 백성이 자신의 죄를 대신하여 어린 양을 죽인다. 이 어린양은 구세주를 상징하는데 성경은 예수께서 하나님의 어린 양으로 오셨다고 기록하고 있다.

> 이튿날 요한이 예수께서 자기에게 나아오심을 보고 이르되 보라 세상 죄를 지고 가는 하나님의 어린 양이로다 (요 1:29).

모세와 이스라엘 백성이 이집트를 탈출할 당시, 이집트에는 열 가지 재앙이 내렸는데 마지막 재앙은 장자를 죽이는 재앙이었다. 이스라엘 백성에게는 양을 죽여 피를 문설주와 인방에 발라 장자의 죽음을 면하는 기적이 일어났다. 이때, 이스라엘 백성의 구원을 위해 희생된 양을 '유월절 양'이라고 한다. 출애굽기 12장 5절에는, "너희 어린 양은 흠 없고 일 년 된 수컷으로 하되 양이나 염소 중에서 취하고"라고 기록되어 있다. 여기서 '어린 양은 흠 없고'란 말씀은 흠 없으신 예수님이 우리의 죄를 대속하실 어린 양이 되심을 상징한다.

> 너희는 누룩 없는 자인데 새 덩어리가 되기 위하여 묵은 누룩을 내버리라 우리의 유월절 양 곧 그리스도께서 희생되셨느니라 (고전 5:7).

이집트를 탈출한 이스라엘 백성은 먹을 것이 없는 광야에서 40년 동안 생활해야 했다. 이로 인해 200만 명가량이 매일 먹을 음식이 필요하게 되었고, 이스라엘 백성은 곧 모세와 하나님께 원망과 불평을 쏟아냈다. 하나님은 그들의 목소리를 들으시고 매일매일 먹을 양식을 공급하셨다.

> 그 때에 여호와께서 모세에게 이르시되 보라 내가 너희를 위하여 하늘에서 양식을 비같이 내리리니 백성이 나가서 일용할 것을 매일 거둘 것이라 (출 16:4).

하나님은 이스라엘 백성과 약속하신 대로 매일 하늘에서 만나를 내려 그들을 먹이셨다. 광야의 만나는 생명의 떡이신 예수 그리스도를 상징한다.

> 내가 곧 생명의 떡이라 너희 조상들은 광야에서 만나를 먹었어도 죽었거니와 이는 하늘로서 내려오는 떡이니 사람으로 하여금 먹고 죽지 아니하게 하는 것이니라. 나는 하늘로서 내려온 산 떡이니 사람이 이 떡을 먹으면 영생하리라 나의 줄 떡은 곧 세상의 생명을 위한 내 살이로라 (요 6:48~51).

예수님은 스스로 생명이시고 또한 생명을 부여하시는 분이시다. 예수님은 자기 몸을 '떡'으로 비유하셨다. 사람이 육체의 생명을 위해 떡(양식)을 먹듯이 영생을 위해서는 그리스도의 말씀을 먹는 것이 필요하다. 만나와 예수 그리스도의 공통점은 모든 사람에게 충족하게 값없이 주신 선물이라는 것이다.

출애굽기 17장에는, 이스라엘 백성들이 르비딤에 도착했을 때, 이스라엘 백성에게는 마실 물이 없었다. 그래서 그들은 모세와 하나님께 불평을 쏟아냈다. 하나님은 모세에게 반석을 치면 물이 나올 테니 그것으로 백성이 마시게 하라고 하셨다. 그래서 모세가 반석을 지팡이로 치자 엄청난 양의 물이 쏟아져 나왔다. 물은 사람에게 있어서 생명과도 같은 것이다. 이 반석은 우리의 영원한 생명되신 예수 그리스도를 상징한다.

> 다 같은 신령한 음료를 마셨으니 이는 그들을 따르는 신령한 반석으로부터 마셨으매 그 반석은 곧 그리스도시라 (고전 10:4).

> 내가 주는 물을 먹는 자는 영원히 목마르지 아니하리니 나의 주는 물은 그 속에서 영생하도록 솟아나는 샘물이 되리라 (요 4:14).

반석은 예수님이시고 반석에서 나오는 생수는 예수님이 주시는 영생을 의미한다. 예수님은 생수를 주시는 분이실 뿐 아니라 생수 자체이시다. 여기서 생수는 성령을 통한 새 생명을 의미한다.

> 내 백성이 두 가지 악을 행하였나니 곧 그들이 생수의 근원되는 나를 버린 것과 스스로 웅덩이를 판 것인데 그것은 그 물을 가두지 못할 터진 웅덩이들이니라 (렘 2:13).

> 명절 끝날 곧 큰 날에 예수께서 서서 외쳐 이르시되 누구든지 목마르거든 내게로 와서 마시라 나를 믿는 자는 성경에 이름과 같이 그 배에서 생수의 강이 흘러나오리라 하시니 이는 그를 믿는 자들이 받을 성령을 가리켜 말씀하신 것이라 (요 7:37~39).

민수기 35장과 신명기 19장에 도피성에 대해 기록하고 있는데, 말 그대로 죄인들이 도피하는 성을 의미한다. 본의 아니게 살인을 했을 경우에 이들이 피신할 수 있는 피난처이다. 이들은 당시의 대제사장이 죽기까지 거기서 머물러 있어야 했으며, 그동안은 그 안에서 보호를 받을 수 있었다.

> 이 여섯 성읍은 이스라엘 자손과 타국인과 이스라엘 중에 거류하는 자의 도피성이 되리니 부지중에 살인한 모든 자가 그리로 도피할 수 있으리라 (민 35:15).

예수 그리스도는 우리의 도피성 되시며 누구나 쉽게 믿음으로 나아가 그분의 보호 안에 거할 수 있다.

구약에 나타난 예수 그리스도의 상징 인물

구약에는 구세주에 대한 상징적인 인물이 많이 등장한다. 아담은 예수 그리스도를 표상하는 사람이다. 첫 번째 아담은 인류의 머리가 되는 사람으로서 사탄의 시험을 받고 실패했지만, 두 번째 아담인 예수 그리스도께서는 사탄의 시험을 이기셨다.

> 그러므로 한 사람으로 말미암아 죄가 세상에 들어오고 죄로 말미암아 사망이 들어왔나니 이와 같이 모든 사람이 죄를 지었으므로 사망이 모든 사람에게 이르렀느니라 (롬 5:12).

> 그러나 이 은사는 그 범죄와 같지 아니하니 곧 한 사람(아담)의 범죄를 인하여 많은 사람이 죽었은즉 더욱 하나님의 은혜와 또한 한 사람 예수 그리스도의 은혜로 말미암은 선물은 많은 사람에게 넘쳤느니라 (롬 5:15).

한 사람의 범죄로 인하여 모든 사람이 죽음에 이르렀듯이, 한 사람 예수 그리스도의 은혜로 말미암아 많은 사람이 살아날 수 있게 되었다. 첫 번째 아담이 죄를 범함으로 많은 사람이 죽게 되었지만, 두 번째 아담이신 예수 그리스도는 사람의 죄를 용서해 주시고 의인으로 만들어 생명에 이르게 하신다.

아담은 오실 자, 즉 구원자의 모형이라고 했다. 아담은 장차 오실 예수 그리스도를 예표하고 상징하는 사람이다.

> 그러나 아담으로부터 모세까지 아담의 범죄와 같은 죄를 짓지 아니한 자들까지도 사망이 왕 노릇 하였나니 아담은 오실 자의 모형이라 (롬 5:14).

창세기 14장에 잠깐 등장하는 멜기세덱은 장차 오실 그리스도를 예표하는 인물이다. 멜기세덱은 아브라함이 4개국 연합군을 무찌르고 돌아올 때 축하해 준 살렘 왕이다. 멜기세덱이라는 이름의 의미는 '의의 왕'이다. 이사야 선지자의 예언과 같이 미래에 의로 통치할 왕이 온다고 했는데, 그분이 바로 예수 그리스도이신 것이다.

> 이 멜기세덱은 살렘 왕이요 지극히 높으신 하나님의 제사장이라 여러 왕을 쳐서 죽이고 돌아오는 아브라함을 만나 복을 빈 자라 (히 7:1).

> 보라 장차 한 왕이 공의로 통치할 것이요 방백들이 정의로 다스릴 것이며 (사 32:1).

> 그 정사와 평강의 더함이 무궁하며 또 다윗의 왕좌와 그의 나라에 군림하여 그 나라를 굳게 세우고 지금 이후로 영원히 정의와 공의로 그것을 보존하실 것이라 만군의 여호와의 열심이 이를 이루시리라 (사 9:7).

멜기세덱은 살렘 왕, 평강의 왕이며 제사장 신분이었다. 예수님 역시 평강의 왕으로, 대제사장으로 이 땅에 오셨다.

> 그러므로 우리에게 큰 대제사장이 계시니 승천하신 이 곧 하나님의 아들 예수시라 우리가 믿는 도리를 굳게 잡을지어다 (히 4:14).

아브라함이 승리를 거둔 후 멜기세덱은 떡과 포도주를 가지고 나와 그를 축복했다. 우리가 시험을 이기고 승리한 후에는 주님께서도 우리들에게 상을 베풀어 주신다.

이삭은 아브라함의 독자이며 예수님은 하나님의 독생자이시다. 이삭은 번제드릴 나무를 지고 모리아 산에 올라갔고, 예수님은 자신이 달리실 십자가를 지고 갈보리 산으로 올라가셨다. 이삭은 자신이 결박당하여 죽게 되면서도 그 어떤 말도, 행동도 취하지 않았고, 예수님은 십자가 위에서 돌아가시면서도 털 깎는 자 앞에서 잠잠한 어린 양같이 아무런 반항도 하지 않으셨다.

요셉은 아버지의 사랑을 독차지하였고 형제들에 의해 노예로 팔려 갔으며, 종의 자리에 들어갔으며 보디발 아내의 유혹을 뿌리쳤고 모함을 받아 감옥에 들어갔으나 나중에 그의 아버지와 형제들을 먹여 살릴 정도로 존귀한 자가 되었다. 예수님은 하늘 보좌를 버리고 이 땅에 인간의 몸으로 오셔서 고난과 멸시와 천대를 당하시고 결국은 목숨을 잃는 시련을 겪으시나 능력으로 부활하셔서 왕과 구세주로 높임을 받으셨다. 요셉은 아버지의 사랑을 받았으나 형제의 미움을 받아서 은 이십에 팔렸고, 예수님은 아버지의 사랑을 받았으나 유대인들의 미움으로 은 삼십에 팔렸다.

끌어올리고 은 이십에 그를 이스마엘 사람들에게 팔매 그 상인들이 요셉을 데리고 애굽으로 갔더라 (창 37:28).

내가 예수를 너희에게 넘겨주리니 얼마나 주려느냐 하니 그들이 은 삼십을 달아 주거늘 (마 26:15).

모세는 하나님께로부터 말씀을 받아서 이스라엘 백성과 파라오에게 말씀을 전하는 대언자(代言者)로 이스라엘 백성을 이집트에서 구원해 내는 구원자의 역할을 했다.

이제 내가 너를 바로에게 보내어 너에게 내 백성 이스라엘 자손을 애굽에서 인도하여 내게 하리라 (출 3:10).

예수님도 하나님 아버지께서 말씀하신 그대로 백성에게 말씀을 전하셨다. 말씀의 대언자로서 인류의 구원자가 되셨다.

내가 내 자의로 말한 것이 아니요 나를 보내신 아버지께서 내가 말할 것과 이를 것을 친히 명령하여 주셨으니 나는 그의 명령이 영생인 줄 아노라 그러므로 내가 이르는 것은 내 아버지께서 내게 말씀하신 그대로니라 하시니라 (요 12:49~50).

이집트를 탈출하는데 지도자였던 모세를 이어서 여호수아가 이스라엘 백성의 지도자가 되었다. 여호수아란 이름은 '여호와는 구원이시다'라는 뜻이다. 예수라는 이름도 '구원자'라는 뜻이다.

아들을 낳으리니 이름을 예수라 하라 이는 그가 자기 백성을 그들의 죄에서 구원할 자이심이라 하니라 (마 1:21).

여호수아와 예수님의 사역을 보면, 여호수아는 자기 백성을 젖과 꿀이 흐르는 가나안 땅으로 인도한 지도자요, 예수님은 자기 백성을 약속의 땅, 빛과 사랑이 넘치는 하늘나라로 인도하는 지도자시다.

목자 다윗을 통해서는 선한 목자이신 예수님의 모습을 볼 수 있다. 다윗은 시편에서 여호와는 나의 목자라고 신앙 고백하였다. 다윗이 죽음의 위협을 무릅쓰고 기꺼이 양을 지키는 목자였던 것처럼 예수님은 우리의 선한 목자가 되어 사탄으로부터 우리를 보호해 주신다.

> 여호와는 나의 목자시니 내게 부족함이 없으리로다 (시 23:1).

> 나는 선한 목자라 선한 목자는 양들을 위하여 목숨을 버리거니와, 삯꾼은 목자가 아니요 양도 제 양이 아니라 이리가 오는 것을 보면 양을 버리고 달아나나니 이리가 양을 물어 가고 또 헤치느니라 달아나는 것은 그가 삯꾼인 까닭에 양을 돌보지 아니함이나 나는 선한 목자라 나는 내 양을 알고 양도 나를 아는 것이 아버지께서 나를 아시고 내가 아버지를 아는 것 같으니 나는 양을 위하여 목숨을 버리노라 (요 10:11~15).

예수님은 우리를 위해 기꺼이 목숨을 버리셨고 하나님의 울타리 안으로 들어가는 양의 문이 되셨다.

Chapter 11
구세주의 탄생과 사역

인류의 구원자로 오신 예수님은 이 땅에 살면서 많은 일들을 하셨다. 성경에서는 예수님이 이 땅에 오신 이유를 자신을 보내신 하나님 아버지의 뜻을 이루기 위함이라고 말하고 있다.

> 내가 하늘에서 내려온 것은 내 뜻을 행하려 함이 아니요 나를 보내신 이의 뜻을 행하려 함이니라 (요 6:38).

예수님이 오신 목적에 대해 보다 구체적으로 기록된 것은 예수님이 하나님나라에 대해 알려주시고 마귀를 멸망시키시고 인간을 구원하실 것이라는 것이다.

> 이 때부터 예수께서 비로소 전파하여 이르시되 회개하라 천국이 가까이 왔느니라 하시더라 (마 4:17).

> 자녀들은 혈과 육에 속하였으매 그도 또한 같은 모양으로 혈과 육을 함께 지니심은 죽음을 통하여 죽음의 세력을 잡은 자 곧 마귀를 멸하시며 또 죽기를 무서워하므로 한평생 매여 종노릇 하는 모든 자들을 놓아주려 하심이니 (히 2:14~15).

예수님은 천국이 어떤 곳이며, 어떤 사람들이 갈 수 있는지 비유를 통해 사람들이 알아듣기 쉽도록 가르쳐주셨다. 하나님나라가 가까이 왔으니 자신을 되돌아보고 잘못한 것을 회개하고 예수님을 믿어야 한다고 알려 주셨다. 그리고 더 이상 멸망당할 사탄의 종노릇 하는 것이 아니라 하나님의 자녀가 되는 길도 가르쳐주셨다.

예수 그리스도의 탄생

예수님은 2천여 년 전에 이스라엘 땅 베들레헴에서 처녀의 몸을 통해 성령으로 잉태되어 나셨다. 그 당시 이스라엘은 로마 강대국의 식민지 국가였다. 예수님의 탄생은 신화나 전설이 아니라 실제로 있었던 역사적인 사실이다.

> 예수 그리스도의 나심은 이러하니라 그의 어머니 마리아가 요셉과 약혼하고 동거하기 전에 성령으로 잉태된 것이 나타났더니 (마 1:18).

자녀가 태어나면 아버지 또는 할아버지 등 주변의 사람들이 자녀에게 이름을 지어준다. 평생토록 남에 의해서 불려야 되는 것이기에 의미를 담아서 이름을 정한다. 예수님도 마찬가지로 '예수'라는 이름에는 '자기 백성을 그들의 죄에서 구원할 자'라는 뜻을 담고 있다. 하나님의 백성이 된 자들을 죄에서 구원해 주실 분이라는 의미이다.

> 아들을 낳으리니 이름을 예수라 하라 이는 그가 자기 백성을 그들의 죄에서 구원할 자이심이라 하니라 (마 1:21).

예수님은 원래 하나님이셨지만 인간의 몸으로 성육신 하신 분이시다. 다른 종교에서는 자신들이 믿는 신들이 눈으로 보이는 형상을 가지고 있다. 하지만 하나님을 믿는 이스라엘의 종교는 하나님에 대한 어떠한 형상도 가지고 있지 않았다. 왜냐하면, 하나님은 눈에 보이지 않는 영으로 존재하시고, 또 자신의 백성들에게 절대로 자신을 눈에 보이는 형상으로 만들지 말라고 하셨기 때문이다.

그래서 이스라엘 백성들은 보이지 않는 하나님을 믿기가 쉽지 않았다. 주변의 나라에서 믿는 종교에는 눈으로 보이는 신들이 있었기에 자신들도 눈으로 보이는 신을 추구하고자 끊임없이 우상을 만들고 섬기는 죄를 반복했다.

하나님을 이해하지 못하는 이스라엘 백성들을 위해서 하나님은 산꼭대기에 빽빽한 구름 가운데 임재하시고, 성막과 성전의 지성소에 친히 임재하심으로 자신의 모습을 직접적으로 보이지는 않으셨지만, 간접적으로나마 하나님이 살아 계심을 사람들이 확인할 수 있도록 해주셨다. 그럼에도 불구하고 사람들은 끊임없이 눈으로 보이는 돌이나 나무로 우상을 만들어 그것들을 섬겼다.

> 그들의 우상들은 은과 금이요 사람이 손으로 만든 것이라 입이 있어도 말하지 못하며 눈이 있어도 보지 못하며 귀가 있어도 듣지 못하며 코가 있어도 냄새 맡지 못하며 손이 있어도 만지지 못하며 발이 있어도 걷지 못하며 목구멍이 있어도 작은 소리조차 내지 못하느니라 (시 115:4~7).

그래서 하나님은 보이지 않는 자신을 사람의 눈으로 볼 수 있는 사람의 모습으로 나타나셨는데 그분이 바로 예수님이시다. 다른 신들은 입이 있어도 말을 못하며, 눈이 있어도 보지 못하고, 귀가 있어도 듣지 못하지만, 우리 하나님이신 예수님은 보고 듣고 말씀하시며, 주무시기도 하고 먹기도 하셨다. 그러나 사람들은 예수님을 하나님으로 인정하지 않았다.

> 말씀이 육신이 되어 우리 가운데 거하시매 우리가 그의 영광을 보니 아버지의 독생자의 영광이요 은혜와 진리가 충만하더라 (요 1:14).

> 그의 집에 앉아 잡수실 때에 많은 세리와 죄인들이 예수와 그의 제자들과 함께 앉았으니 이는 그러한 사람들이 많이 있어서 예수를 따름이러라 (막 2:15).

사탄의 시험

예수님은 하나님나라를 전파하기 위한 공적인 사역을 시작하기 전에 사탄과의 결전을 벌이셨다. 하나님의 때가 되자 예수님께서는 사람들 앞에 자신을 드러내셨다. 먼저 세례요한에게 세례(침례)를 받고 성령의 충만함을 얻게 된다. 이때 하늘에서는 '내 사랑하는 아들이요 내 기뻐하는 자'라는 음성이 들렸다. 예수님은 예루살렘의 종교지도자나 정치지도자들과 함께 사역을 하실 수도 있었을 텐데 광야에서 생활하던 세례(침례) 요한에게 가서 세례(침례)를 받으시고 요한이 외쳤던 것처럼 '하나님나라가 가까이 왔으니 회개하라'고 전파하셨다.

> 이 때부터 예수께서 비로소 전파하여 이르시되 회개하라 천국이 가까이 왔느니라 하시더라 (마 4:17).

태초에 아담의 범죄로 인해 여자의 후손을 통해 구세주를 보내 주시겠다고 하나님이 말씀하셨을 때, 하나님께서 보낼 구세주가 누구인지 천사들을 비롯한 사탄조차 어쩌면 몰랐을 것이다. 수천 년이 흐르는 동안 과연 구세주로 누구를 보낼까 엄청 궁금했을 것이다. 천사들 중 하나를 보낼 것인가? 아니면 천사보다 월등히 뛰어난 새로운 피조물을 만들어서 보낼 것인가? 사탄은 궁금했을 것이다. 구세주에 대한 성경의 감추어진 비밀은 하나님의 때에 하나님이 알려주셔야만 알 수 있었다. 아브라함의 후손, 유다의 후손, 다윗의 후손을 통해 구세주를 보낼 것을 알려주셨고 그제야 사탄도 구세주가 누구의 자손을 통해 태어날 것인지 알 수 있었다.

> 이 비밀은 만세와 만대로부터 감추어졌던 것인데 이제는 그의 성도들에게 나타났고 하나님이 그들로 하여금 이 비밀의 영광이 이방인 가운데 얼마나 풍성한지를 알게 하려 하심이라 이 비밀은 너희 안에 계신 그리스도시니 곧 영광의 소망이니라 (골 1:26~27).

하나님의 때가 되어 구세주로 천사들 중에 하나를 보내는 것이 아니라 말씀으로 계셨던 하나님의 외아들을 보낸다는 것을, 이사야 선지자를 통해 알려주시기 전까지는 아무도 그 사실을 상상조차 못 했을 것이다. 사탄은 한마디로 깜짝 놀랐을 것이다.

> 이는 한 아기가 우리에게 났고 한 아들을 우리에게 주신 바 되었는데 그의 어깨에는 정사를 메었고 그의 이름은 기묘자라 모사라 전능하신 하나님이라 영존하시는 아버지라 평강의 왕이라 할 것임이라 (사 9:6).

2천 년 전 예언대로 이스라엘의 베들레헴이라는 동네에서 드디어 구세주가 처녀의 몸을 통해 태어나셨다. 그리고 예수님은 아버지 하나님의 일을 본격적으로 하시기 전에 성령에 이끌리어 광야로 사탄에게 시험을 받으러 가셨다. 사탄이 수천 년 동안 태어나지 못하도록 그토록 방해했던 구세주 예수님이 자신의 앞에 서게 된 것이다. 사탄은 40일 동안 금식하신 예수님이 비록 하나님의 아들이지만 사람의 육체로 존재하고 시공간의 제약을 받는 몸이기 때문에 한계가 있을 것이라는 판단하에 인간으로서 절대 이기기 어려운 세 가지의 시험을 하게 된다.

사탄은 예수님이 시험을 통과하지 못하면 자신이 이기게 되는 것이고, 자신의 승리는 곧 하나님과 겨루어서 이긴 것으로 생각했다. 하나님나라에서 자신이 넘보려고 했던 그 위치에 드디어 오르게 된다고 생각했다. 40일 동안 금식한 상태라 몹시 굶주리고 약한 상태인 예수님에게, 사탄은 인간의 기본적인 욕구 중 식욕, 명예욕, 권력욕의 세 가지 시험을 한다.

사탄은 세 가지 시험을 하기 전에 먼저 하나님의 아들이신 예수님의 신분을 흔든다. 즉 예수님의 정체성에 대해 교묘하게 이야기한다. 하나님은 분명히 '내 사랑하는 아들'이라고 했는데, 사탄은 '넌 평범한 하나님의 아들(천사)들 가운데 하나'라고 하면서 '사랑하는'이라는 중요한 말을 빼고 그냥 '하나님 아들'이 맞으면 증명해 보라는 식으로 얘길 하지만 예수님은 자신의 정체성에 대해서는 말할 가치도 없었기에 일언반구도 하지 않으신다.

> 그 때에 새벽 별들이 기뻐 노래하며 하나님의 아들들(천사들)이 다 기뻐 소리를 질렀느니라 (욥 38:7).

사탄의 첫 번째 시험은, 배가 엄청 고프니 능력을 발휘해서 돌을 떡으로 만들어 보라는 것이었다. 이 시험이 사탄의 뜻대로 되지 않자 두 번째는 예수님을 성전 꼭대기로 데려가서 천사들이 받들어 돌에 부딪치지 않을 것이니 뛰어 내려 보라고 한다. 이번에도 예수님이 사탄의 뜻대로 행하지 않자 사탄은 마지막으로 자신의 모든 것을 걸고 결판을 내려고 한다. 예수님을 지극히 높은 곳으로 데려가서 천하만국과 그 영광을 보여주며, 자신에게 딱 한 번만 엎드려 경배하면 자신의 왕국을 전부 주겠다고 유혹한다. 하지만 예수님은 사탄의 요구에 응하지 않으신다.

> 시험하는 자가 예수께 나아와서 이르되 네가 만일 하나님의 아들이어든 명하여 이 돌들로 떡덩이가 되게 하라 (마 4:3).

> 이르되 네가 만일 하나님의 아들이어든 뛰어내리라 기록되었으되 그가 너를 위하여 그의 사자들을 명하시리니 그들이 손으로 너를 받들어 발이 돌에 부딪치지 않게 하리로다 하였느니라 (마 4:6).

> 이르되 만일 내게 엎드려 경배하면 이 모든 것을 네게 주리라 (마 4:9).

예수님은 신성과 인성을 동시에 가지고 계신 분이셨다. 예수님은 십자가에 매달리셨을 때 신성을 가지고 능력으로 십자가에서 내려 오실 수도 있었지만 그러지 않으셨던 것처럼, 사탄의 시험을 받는 동안에도 하나님으로서의 능력은 결코 사용하지 않으시고 오직 인간의 몸으로 철저하게 시험을 이겨내셨다. 사탄은 단 한 번의 경배만 받으면 승리한다고 생각했는데 결국 그 모든 것이 수포로 돌아가고 말았다.

첫 사람 아담이 에덴동산의 부족함이 없는 풍요로움 속에서 사탄의 유혹에 넘어감으로 사탄을 경배하는 결과가 되고 말았다면, 마지막 아담이

신 예수님은 악조건의 상황에서도 사탄의 유혹을 물리치셨다. 사탄은 예수님으로 하여금 하나님의 사랑하는 아들로서의 역할과 이 세상에 오신 목적이 아닌 것에 관심을 돌리려고 했지만 결국은 실패하고 말았다. 예수님이 구세주로서의 역할을 하지 못하도록 방해하려 했지만 결국 헛수고가 되고 만 것이다. 이제 예수님은 사탄을 쫓아내시고 온전한 한 인간으로서의 시험을 통과하게 되었다.

성령께서 광야로 예수님을 데려가셔서 사탄에게 시험을 받는 동안 하나님께서는 예수님을 돕지 않으셨고 시험이 끝난 후에야 천사를 보내어 예수님을 섬기도록 하셨다.

> 이에 마귀는 예수를 떠나고 천사들이 나아와서 수종드니라 (마4:11)

하나님나라 선포

천국은 하나님나라, 하늘나라, 하나님 아버지가 계신 아버지 집 등으로 성경은 기록하고 있다. 예수님은 영원 전부터 계획하신 하나님나라에 대해 사람들에게 알려주시기 위한 공생애 사역을 시작하셨다. 하나님이 계신 하늘나라에 대한 이야기를 사람들에게 상세하게 설명하셨다. 때로는 비유로, 때로는 직설적으로 표현하시면서 하나님나라에 대해서 선포하셨지만 사람들은 잘 이해하지 못했다. 어떤 이들은 현세에서 물질의 부요함을 누리고 살고 있었기에 굳이 내세의 천국을 사모하며 살 필요성을 느끼지 못했다. 그러나 많은 사람은 삶 자체가 고난과 굶주림이었기에 천국 이야기에 귀를 기울이고 예수님의 말씀을 듣고자 몰려들었다.

예수께서 이르시되 내가 다른 동네들에서도 하나님의 나라 복음을 전하여야 하리니 나는 이 일을 위해 보내심을 받았노라 (눅 4:43).

예수께서 모든 도시와 마을에 두루 다니사 그들의 회당에서 가르치시며 천국 복음을 전파하시며 모든 병과 모든 약한 것을 고치시니라 (마 9:35).

예수님보다 6개월 정도 먼저 태어난 세례요한이 있었다. 세례요한은 구약의 예언대로 구세주가 오실 길을 예비하는 사명을 가지고 이 땅에 태어났다. 즉 구세주가 누구인지를 이스라엘 백성들에게 정확히 알려줄 사명을 가지고 태어났다.

외치는 자의 소리여 이르되 너희는 광야에서 여호와의 길을 예비하라 사막에서 우리 하나님의 대로를 평탄하게 하라 (사 40:3).

나도 그를 알지 못하였으나 나를 보내어 물로 침례를 베풀라 하신 그이가 나에게 말씀하시되 성령이 내려서 누구 위에든지 머무는 것을 보거든 그가 곧 성령으로 침례를 베푸는 이인 줄 알라 하셨기에 내가 보고 그가 하나님의 아들이심을 증언하였노라 하니라 (요1:33~34).

세례요한은 이스라엘 백성이 자신들의 죄를 회개하고 세례를 받을 것을 사람들에게 강력히 설파했다. 사람들은 요한의 세례를 받기 위해서 요단강으로 몰려 왔고, 자신들이 회개했다는 증거로 세례를 받았다.

나는 너희로 회개하게 하기 위하여 물로 세례를 베풀거니와 내 뒤에 오시는 이는 나보다 능력이 많으시니 나는 그의 신을 들기도 감당하지 못하겠노라 그는 성령과 불로 너희에게 침례를 베푸실 것이 요 (마 3:11).

사람들은 세례요한이 그리스도일 것이라고 생각하고 세례요한에게 자신의 정체성을 밝힐 것을 요구했다. 세례요한은 그때마다 자신은 그리스도가 아니고 자신은 그리스도가 누구인지 알려주는 역할을 하는 사명을 가지고 있다고 전했다. 그리고 여느 날과 마찬가지로 사람들에게 세례를 베풀고 있을 때, 자신이 그렇게 기다려 왔던 구원자가 자신의 눈앞에 나타났다. 그 이후로 세례요한은 예수님이 구세주라고 사람들에게 선포했다. 그리고 자신의 사역 목적을 분명히 밝히며 예수님을 그리스도로 사람들에게 선포했다. 하지만 많은 사람들은 예수님을 구세주로 받아들이지 않았다. 왜냐하면 너무도 볼품없는 목수의 아들이고, 배운 것 역시 없는 가난한 사람이었기 때문에 편견을 가지고 예수님을 그리스도로 인정하지 않은 것이다.

> 이는 그 목수의 아들이 아니냐 그 어머니는 마리아, 그 형제들은 야고보, 요셉, 시몬, 유다라 하지 않느냐 (마 13:55).

예수님은 정치, 경제, 문화의 중심지인 예루살렘과 같은 도시가 아니라 시골 변방 갈릴리에서 하나님의 복음을 전파했고, 하나님나라가 어떤 곳인지에 대해 비유를 통해 그 비밀을 알려주셨다.

> 이르시되 하나님나라의 비밀을 너희에게는 주었으나 외인에게는 모든 것을 비유로 하나니 (막 4:11).

즉, 예수님이 전한 복음의 내용은 '하나님나라'에 관한 것이었다. 예수님은 사람들이 하나님나라를 쉽게 이해할 수 있도록 비유를 통해 알려주셨다. 하지만 예수님이 비유로 말씀하신 또 다른 이유는 '외인'에게는 하나님나라의 비밀을 알지 못하게 하려 함이었다. 마가복음 4장 11절에서 예수님이 말씀하신 외인은 사탄과 사탄을 추종하는 무리와 세력, 그리고 예수님을 적대시 하고 거부하는 사람들을 의미한다.

> 예수께서 그들 앞에 또 비유를 들어 이르시되 천국은 좋은 씨를 제 밭에 뿌린 사람과 같으니 (마 13:24).

> 또 비유를 들어 이르시되 천국은 마치 사람이 자기 밭에 갖다 심은 겨자씨 한 알 같으니 (마 13:31).

> 또 비유로 말씀하시되 천국은 마치 여자가 가루 서 말 속에 갖다 넣어 전부 부풀게 한 누룩과 같으니라 (마 13:33).

그럼에도 불구하고 사람들이 비유를 제대로 깨닫지 못하자 예수님은 직설적으로 천국에 갈 수 있는 방법을 알려주시기도 했다. 죄의 종인 육체의 탄생을 통해서가 아니라 물과 성령으로 다시 태어나야만 하나님나라에 갈 수 있다고도 하셨고, 어린아이와 같이 마음이 순전해야만 하나님나라에 들어간다고 하셨으며, 부자와 같이 물질이 많은 사람은 물질이 우상이 되어 하나님보다 물질을 더 사랑하고 의지하기 때문에 하나님나라에 들어가기가 심히 어렵다고 하셨다.

> 예수께서 대답하시되 진실로 진실로 네게 이르노니 사람이 물과 성령으로 나지 아니하면 하나님의 나라에 들어갈 수 없느니라 (요 3:5).

> 이르시되 진실로 너희에게 이르노니 너희가 돌이켜 어린 아이들과 같이 되지 아니하면 결단코 천국에 들어가지 못하리라 (마 18:3).

예수께서 제자들에게 이르시되 내가 진실로 너희에게 이르노니 부자는 천국에 들어가기가 어려우니라 (마 19:23).

인간 구원 (사람으로서)

예수님은 완전한 사람으로서 인간의 구원을 위해 여자의 후손으로 어머니의 몸을 통해 태어나셨다. 그리고 인간의 구원을 완성하기 위해 많은 일을 하셨다. 예수님은 인간을 죄의 구속으로부터 자유함을 주고 육체의 죽음 이후에는 영원한 하나님나라의 상속자로 우리를 구원하기 위해서 오셨다.

미쁘다 모든 사람이 받을 만한 이 말이여 그리스도 예수께서 죄인을 구원하시려고 세상에 임하셨다 (딤전 1:15).

'예수'라는 이름만이 죄를 지은 모든 사람의 죄의 문제를 해결하고 구원을 받을 수 있게 하는 유일한 길이다.

다른 이로써는 구원을 받을 수 없나니 천하사람 중에 구원을 받을 만한 다른 이름을 우리에게 주신 일이 없음이라 하였더라 (행 4:12).

예수님은 분명히 태초에 잃어버린 영혼을 구원하러 오셨고 죄(사탄)의 종에서 우리를 해방시키시고 우리를 자유하게 하시기 위해서 오셨는데, 천사나 다른 피조물을 구원하기 위해서 사람으로 태어나신 것이 아니고 영적으로 아브라함의 자손인 믿는 사람들을 구원하기 위해 이 땅에 오셨다.

인자가 온 것은 잃어버린 자를 찾아 구원하려 함이니라 (눅 19:10).

또 죽기를 무서워하므로 한평생 매여 종노릇 하는 모든 자들을 놓아 주려 하심이니 이는 확실히 천사들을 붙들어주려 하심이 아니요 오직 아브라함의 자손을 붙들어주려 하심이라 (히 2:15~16).

예수님은 당신을 구세주로 믿는 모든 자를 신분, 귀천, 빈부에 관계없이 누구나 구원하셨다. 그리고 누구든지 예수님을 구원자로 받아들이면 구원을 선물로 주시고, 마지막 날에 부활의 영광을 얻게 해주신다.

하나님이 세상을 이처럼 사랑하사 독생자를 주셨으니 이는 그를 믿는 자마다 멸망하지 않고 영생을 얻게 하려 하심이라 (요 3:16).

나를 보내신 이의 뜻은 내게 주신 자 중에 내가 하나도 잃어버리지 아니하고 마지막 날에 다시 살리는 이것이니라 (요 6:39).

예수님은 하나님의 아들이었지만 이 땅에 대접을 받기 위해서 오신 것 아니라 도리어 자신의 목숨까지도 바쳐 비천한 인간을 섬기려고 오셨다.

인자가 온 것은 섬김을 받으려 함이 아니라 도리어 섬기려 하고 자기 목숨을 많은 사람의 대속물로 주려 함이니라 (마 20:28).

사탄은 인간들을 정죄하고 판단하고 죽이고 멸망시키기 위해서 이 땅에 왔지만, 예수님은 인간을 살려 생명을 얻게 하시기 위해서 오셨다.

도둑이 오는 것은 도둑질하고 죽이고 멸망시키려는 것뿐이요 내가 온 것은 양으로 생명을 얻게 하고 더 풍성히 얻게 하려는 것이라 (요 10:10).

예수님이 이 땅에 처음 오셨을 때는 세상을 심판하러 오신 것이 아니라 죄에서의 구원을 위해 오신 것이었다. 그러나 다시 오실 때는 심판주로 오실 것이다.

> 사람이 내 말을 듣고 지키지 아니할지라도 내가 그를 심판하지 아니하노라 내가 온 것은 세상을 심판하려 함이 아니요 세상을 구원하려 함이로라 (요 12:47).

> 진실로 너희에게 이르노니 여기 서 있는 사람 중에 죽기 전에 인자가 그 왕권을 가지고 오는 것을 볼 자들도 있느니라 (마 16:28).

마귀 진멸(신으로서)

하나님의 아들이신 예수님이 이 땅에 오신 또 다른 목적은 마귀(사탄)를 진멸하시기 위함이다. 예수님은 마귀의 일을 멸하시기 위해서 오셨다.

> 죄를 짓는 자는 마귀에게 속하나니 마귀는 처음부터 범죄함이라 하나님의 아들이 나타나신 것은 마귀의 일을 멸하려 하심이라 (요일 3:8).

예수님은 단지 인간 구원만을 위해 이 땅에 오신 것이 아니다. 성경을 통해 예수님의 십자가 사역을 인간 구원만을 위한 것으로만 보았다면 그것은 성경의 반쪽만 본 것이다. 만일 편견에 사로잡혀 예수님의 사역을 인간 구원이라는 목적으로만 보고 마귀 진멸, 즉 사탄 심판을 외면한다면 요한계시록과 성경 곳곳에 등장하는 사탄과의 전쟁이나 심판에 관한 것은 어떻게 설명할 수 있을 것인가?

하나님이 범죄한 천사들을 용서하지 아니하시고 지옥에 던져 어두운 구덩이에 두어 심판 때까지 지키게 하셨으며 (벧후 2:4).

여러번 언급한 바와 같이 타락한 천사장 루시퍼(마귀)는 피조물임에도 불구하고 자신을 유일하신 하나님과 비교하며 하나님(신)이 되려고 반역하여 유일신을 부정한 엄청난 범죄를 저지른 존재이다.

아담은 이런 뱀(마귀)의 거짓말에 속아 선악을 알게 하는 나무의 실과를 따 먹는 죄를 범하게 되고 하나님은 인간의 죄에 대한 공의를 이루시기 위해 자신의 아들을 십자가에서 죽이셔야만 했다.

죄의 문제를 해결하기 위해서는 자신의 아들이라도 십자가에 죽이시는 것, 이것이 하나님의 공의이다. 마귀(사탄)는 하물며 하늘에서 유일신을 부정하고 스스로 하나님이 되려고 했으며, 땅으로 쫓겨나서도 피조물인 인간 역시 하나님이 될 수 있다고 거짓말로 유혹한 그를 지옥 불에 멸하지 않고 자유롭게 내버려 두는 것이 과연 하나님의 공의일까? 아니다. 결코 아니다. 그는 심판받아야 마땅한 존재이다. 그렇다! 이 세상 임금인 타락한 천사장인 사탄은 심판받아 지옥 불에 던져져야만 하는 존재다.

또 그들을 미혹하는 마귀가 불과 유황 못에 던져지니 거기는 그 짐승과 거짓 선지자도 있어 세세토록 밤낮 괴로움을 받으리라 (계 20:10).

그런데 세상 임금인 사탄을 누가 대적하여 멸망시킬 수 있겠는가? 세상에는 그런 존재가 없다. 하나님 외에는 세상 임금인 사탄을 멸할 수 없다. 하늘에서 내려온 자 예수 그리스도 외에는 그를 무찌를 자가 없다. 예수님은 왕으로서 사탄과 십자가에서 대결하셨다.

예언대로 사탄은 예수님을 십자가에서 죽였지만 – 사탄의 사망 권세로 죽인 그 죽음은 창세기 3장 15절 말씀처럼 예수께서 다시 살아나심으로 발뒤꿈치를 상하게 한 것밖에는 별로 효력이 되지 못함 – 죄가 없으신 분이 죄인 된 인간을 살리기 위해 누명을 쓰고 대신 죽으신 예수님을 하나님께서는 삼 일 만에 다시 살리시므로, 이제 예수님께서 아들로서 왕으로서 권세를 가지고 사탄의 머리를 밟는 일, 즉 심판만이 남게 되었다.

십자가의 사역은 동전의 양면과 같다. 예수님께서 신으로서 사탄을 진멸하신 것과 동시에 인자로서 인간을 구원하신 일이 함께 이루어졌다.

> 자녀들은 혈과 육에 속하였으매 그도 또한 같은 모양으로 혈과 육을 함께 지니심은 죽음을 통하여 죽음의 세력을 잡은 자 곧 마귀를 멸하시며 또 죽기를 무서워하므로 한평생 매여 종노릇 하는 모든 자들을 놓아 주려하심이니 (히 2:14~15).

예수님이 십자가에서 죽으시고 부활하심으로 인해 사탄의 권세는 박살이 났고 세상 종말에 하나님의 백보좌 심판을 받고 완전히 불 못 지옥으로 가게 된다. 그러나 사탄은 여전히 이 세상에서 활개를 치고 있다. 그것은 법정에서 사형선고를 받고 바로 사형집행을 하는 것이 아니라 판사가 정한 날에 사형이 집행되는 것과 같이 사탄 역시 법적으로는 이미 멸망을 당했고, 그 집행만이 남은 것이다. 우리나라의 역사에서도 보면 2차 세계대전의 패전국인 일본이 1945년 8월 15일에 완전한 항복을 선언했지만 그들의 힘이 이 땅에서 완전히 거두어지기까지는 시간이 필요했다. 그들이 완전히 철수하기까지 시간이 소요되었고 철수하는 와중에도 악행을 저질렀듯이 사탄의 멸망과 심판도 이와 마찬가지로 비유할 수 있다. 사탄은 자신의 말로를 알고 있다. 사탄은 지금도 믿는 사람 한 사람이라도 더 유혹해서 넘어지게 하려고 하고 있다.

> 거짓 그리스도들과 거짓 선지자들이 일어나 큰 표적과 기사를 보여 할 수만 있
> 으면 택하신 자들도 미혹하리라 (마 24:24).

예수님은 하나님나라를 전파하기 위해서 제자들을 보내셨는데, 이때 실제로 제자들에게 권세를 주어 사탄을 물리치는 일도 하게 하셨다.

> 예수께서 이르시되 사탄이 하늘로부터 번개같이 떨어지는 것을 내가 보았노라
> (눅 10:18).

예수님께서 십자가에서 죽으시고 3일 만에 죽음의 권세를 이기고 부활하심으로 말미암아 사망 권세 잡은 자 사탄을 완전히 멸하시는 만왕의 왕이심을 증명하셨다. 그리고 지금은 예수님을 마음에 영접한 그리스도인들의 마음속에 내주하시면서 사탄을 이길 수 있도록 도와주신다.

> 우리 안에 거하시는 성령으로 말미암아 네게 부탁한 아름다운 것을 지키라 (딤
> 후 1:14).

그러나 예수님을 구세주로 믿지 않는 사람들은 예수님이 재림하실 때 사탄과 함께 심판을 받고 영원한 불 못 지옥에 들어가게 된다.

> 또 왼편에 있는 자들에게 이르시되 저주를 받은 자들아 나를 떠나 마귀와 그
> 사자들을 위하여 예비 된 영원한 불에 들어가라 (마 25:41).

Chapter 12
십자가에서 다 이루심

　예수님은 구약성경에 기록된 그리스도에 대한 예언을 모두 이루셨다. 예수님은 성령으로 잉태되어 베들레헴에서 처녀의 몸에서 태어나신 것을 시작으로, 갈릴리에서부터 말씀을 전하시고, 나귀를 타고 예루살렘에 입성하셨으며, 고향에서 배척을 당하시고 십자가에 달리셔서 신 포도주를 드심으로 성경말씀이 이루어지게 하셨다. 예수님이 십자가에 달려 돌아가실 때 로마 군병들은 예수님의 옷을 나누어 가졌으며, 예수님의 다리뼈를 꺾지 않았다. 이 모든 일들은 예수님이 이 땅에 오시기 전 대략 410년~1400년 동안 성경에 예언으로 기록된 것들이고 예언이 이루어졌다.

> 그 후에 예수께서 모든 일이 이미 이루어진 줄 아시고 성경을 응하게 하려 하사 이르시되 내가 목마르다 하시니 (요 19:28).

　예수님은 십자가에서 인간의 죄의 문제를 단번에 해결하시고 예언되었던 일들을 모두 이루셨다. 이전까지는 죄를 지으면 짐승을 죽여 피와 기름으로 제사를 드리는 행위를 반복해야 했지만 예수님이 십자가에서 죽으신 이후로는 그럴 필요가 없게 되었다.

> 염소와 송아지의 피로 하지 아니하고 오직 자기의 피로 영원한 속죄를 이루사 단번에 성소에 들어가셨느니라 (히 9:12).

> 그리스도께서도 단번에 죄를 위하여 죽으사 의인으로서 불의한 자를 대신하셨으니 이는 우리를 하나님 앞으로 인도하려 하심이라 육체로는 죽임을 당하시고 영으로는 살리심을 받으셨으니 (벧전 3:18).

예수님은 십자가에서 속죄 양으로 인간을 대신해서 죽으심으로, 이제는 더 이상 짐승의 피가 아닌 예수님의 단번에 흘리신 피로 우리 모든 인류의 과거와 현재와 미래의 죄를 해결해 주셨다.

십자가에서 죽으심

예수님의 십자가 사건은 우리 그리스도인에게 있어서 너무도 중요한 사건이다. 태초에 아담의 범죄로 인해 죄가 세상에 들어왔고 하나님과 인간과의 관계는 단절되었다.

> 그러므로 한 사람으로 말미암아 죄가 세상에 들어오고 죄로 말미암아 사망이 들어왔나니 이와 같이 모든 사람이 죄를 지었으므로 사망이 모든 사람에게 이르렀느니라 (롬 5:12).

우리가 물건을 구입하려면 돈을 지불하든지 노동을 제공하든지 어떤 형태로든 그에 대한 대가를 지불한다. 공의의 하나님은 죄에 대한 대가는 죽음이라고 말씀하셨다. 그래서 아담은 죄로 인해 죽어야만 하는 존재가 되었다. 흙으로 창조된 아담은 서서히 죽어갔다. 그러나 사랑의 하나님은 하나님이 불어 넣은 생령이 있는 사람의 영은 지옥에 보내지 않고 천국에 보낼 길을 열어주셨다. 그 길은 하나님이 보내신 아들 예수님을 구세주로 믿는 일이다.

> 죄의 삯은 사망이요 하나님의 은사는 그리스도 예수 우리 주 안에 있는 영생이
> 니라 (롬 6:23).

구세주가 오시기 전까지 구약시대는 죄의 문제를 해결하기 위해서 하나님께 제사를 드려야 했다. 제사를 드릴 때는 반드시 짐승을 죽여 나오는 피와 태워서 나오는 기름을 하나님께 드려야 했다. 사람이 죄를 지으면 자신의 죄를 짐승에게 전가해서 짐승을 대신 죽여 자신의 죄를 용서받았다. 정결한 짐승의 희생과 죽음을 통해 범죄한 인간이 하나님께 나아갈 수 있게 되었다.

> 제사장은 그 피를 회막 문 여호와의 제단에 뿌리고 그 기름을 불살라 여호와께
> 향기로운 냄새가 되게 할 것이라 (레 17:6).

짐승을 죽일 때는 옷에 피가 튀고 기름으로 범벅이 되었다. 하나님은 이러한 행위를 통해 사람들이 다시는 죄를 짓지 않도록 시각적으로 보여주셨다. 그러나 사람들은 계속 하나님의 말씀에 불순종하고 사탄의 속삭임에 속아 죄를 지으며 살았다. 결국 사람들은 죄를 지을 때마다 짐승을 죽이는 행위를 반복해야 했다. 그러나 짐승을 죽이는 행위로 죄에서 완전한 깨끗함을 입지는 못했다.

> 그러나 이 제사들에는 해마다 죄를 기억하게 하는 것이 있나니 이는 황소와 염

소의 피가 능히 죄를 없이 하지 못함이라 (히 10:3~4).

완전한 제사를 위해 하나님의 아들 예수 그리스도께서 사람으로 이 세상에 오셔서 십자가에서 우리를 위한 희생제물이 되셨다. 그 한 번의 죽음을 통해 우리는 완전한 죄의 용서함을 얻었고, 다시는 죄를 지을 때마다 제사를 드릴 필요가 없게 되었다. 그리고 단절되었던 하나님과의 관계가 예수님을 통해서 회복되었고 하나님과 우리 사이에는 화목의 길이 열리게 되어 하나님께 나아갈 수 있게 되었다.

이것들을 사하셨은즉 다시 죄를 위하여 제사 드릴 것이 없느니라 (히 10:18).

그는 저 대제사장들이 먼저 자기 죄를 위하고 다음에 백성의 죄를 위하여 날마다 제사 드리는 것과 같이 할 필요가 없으니 이는 그가 단번에 자기를 드려 이루셨음이라 (히 7:27).

우리가 그 안에서 그를 믿음으로 말미암아 담대함과 확신을 가지고 하나님께 나아감을 얻느니라 (엡 3:12).

단, 하나님께 나아가는 조건은 지금까지 지은 죄를 회개하고 십자가에서 우리를 위해 대신 죽으신 예수님을 구세주로 받아들이고, 믿음으로 죄 사함을 얻는 것이다. 그리하면 성령 하나님이 우리 속에 들어오셔서 영원토록 함께 하시게 된다.

베드로가 이르되 너희가 회개하여 각각 예수 그리스도의 이름으로 세례(침례)를 받고 죄 사함을 받으라 그리하면 성령의 선물을 받으리니 (행 2:38).

> 그의 성령을 우리에게 주시므로 우리가 그 안에 거하고 그가 우리 안에 거하시는 줄을 아느니라 (요일 4:13).

그러기에 이제는 예수님으로 말미암아 이웃을 사랑하고 선을 행하며 서로 나눠주기를 힘쓰는 것이 우리의 제사가 되어야 한다. 우리는 성경의 핵심인 '하나님 사랑'과 '이웃 사랑'을 실천하며 살아야 하는 그리스도인이 되었다.

> 그러므로 우리는 예수로 말미암아 항상 찬송의 제사를 하나님께 드리자 이는 그 이름을 증언하는 입술의 열매니라 오직 선을 행함과 서로 나누어 주기를 잊지 말라 하나님은 이 같은 제사를 기뻐하시느니라 (히 13:15~16).

> 대답하여 이르되 네 마음을 다하며 목숨을 다하며 힘을 다하며 뜻을 다하여 주 너의 하나님을 사랑하고 또한 네 이웃을 네 자신 같이 사랑하라 하였나이다 (눅 10:27).

나 혼자만 상대를 사랑하는 것으로 그칠 것이 아니라 상대방에게도 사랑할 것을 권유하며 하나님의 말씀을 지켜 행해야 한다. 서로 사랑하고 우애하며 존경하고, 선행을 먼저 행하며 서로 사랑으로 종노릇 하며 돌보아주고 격려해야 한다.

> 새 계명을 너희에게 주노니 서로 사랑하라 내가 너희를 사랑한 것같이 너희도 서로 사랑하라 (요 13:34).

우리가 상대방을 사랑해야만 비로소 그리스도인이 되는 것이 아니라, 우리의 정체성이 그리스도인이기 때문에 이웃을 사랑해야 하는 것이다.

사탄의 불법이 드러나게 함

십자가의 사건은 사람을 죽음에서 생명으로 구원하기 위한 예수 그리스도의 사역이다. 그리고 십자가 사건에는 하나님의 엄청난 비밀이 숨어 있다. 그것은 사탄을 멸하는 것이다.

사탄은 처음부터 살인자요 거짓말쟁이다. 사탄은 처음부터 범죄자이며 진리가 없는 거짓의 우두머리다. 숨기고 있던 사탄의 불의, 불법, 죄악이 마침내 예수 그리스도로 인해 드러나게 되었다.

> 너희는 너희 아비 마귀에게서 났으니 너희 아비의 욕심대로 너희도 행하고자 하느니라. 그는 처음부터 살인한 자요 진리가 그 속에 없으므로 진리에 서지 못하고 거짓을 말할 때마다 제 것으로 말하나니 이는 그가 거짓말쟁이요 거짓의 아비가 되었음이라 (요 8:44).

아담이 죄를 범함으로 인해 사탄은 죄를 지은 사람을 죽이는 권세를 얻게 되었다. 태초에 아담에게 주어진 다스림의 권세는 아담의 죄를 범함으로 인해 사탄에게 넘어갔다. 뿐만 아니라 사탄은 하나님으로부터 합법적으로 권세를 부여받아 아담 이후 죄지은 모든 사람을 죽이게 되었다. 그러나 사망의 권세를 받은 사탄은 하나님이 허락하시는 범위 내에서만 육신의 생명을 빼앗을 수 있었고, 죄가 없는 사람은 절대로 죽이면 안 되었다.

> 자녀들은 혈과 육에 속하였으매 그도 또한 같은 모양으로 혈과 육을 함께 지니심은 죽음을 통하여 죽음의 세력을 잡은 자 곧 마귀를 멸하시며 (히 2:14).

> 그 때에 너희는 그 가운데서 행하여 이 세상 풍조를 따르고 공중의 권세 잡은 자를 따랐으니 곧 지금 불순종의 아들들 가운데서 역사하는 영이라 (엡 2:2).

하지만 사탄은, 죄가 없는 예수님을 십자가에서 죽였다. 결과적으로 우주만물이 창조되기 이전 하늘나라에서, 마음과 생각으로 하나님을 대적하고 피조물의 경배를 받고자 했던 일을 실제 행동으로 일으키게 된 것이다. 하나님이 하지 말라고 한 일 즉, 죄인만 죽이고 의인은 죽이지 말라는 것을 행함으로 스스로 불의를 드러낸 것이다. 결국 예수님은 십자가 사건을 통해 사탄의 불의를 모두 드러내셔서 사탄이 심판을 받게 하는 결정적인 증거로 삼으셨다.

> 네(루시퍼)가 지음을 받던 날로부터 네 모든 길에 완전하더니 마침내 네게서 불의가 드러났도다 (겔 28:15).

사탄은 교만함으로 하나님과 동등하게 되려는 마음을 품었지만 이를 행동으로는 나타내지 않고 있었다. 그래서 하나님께서 사탄의 마음의 죄를 꾸짖었을 때, 사탄은 그런 마음을 먹은 적이 없다고 시치미를 뗐을지도 모른다. 그러나 사탄은 죄 없는 예수님에게 누명을 씌워 죽이는 행동으로 불의를 저지름으로, 하나님의 심판을 받아 지옥 불 못에 던져지는 심판을 더 이상 피할 수 없게 되었다.

사탄은 예수님을 죽이면 모든 것이 해결되리라고 생각했다. 자신이 죄 없는 의인을 죽인다는 사실을 까마득히 잊어버리고 단지 그리스도의 생명만 끊어버리면 자신이 승리하게 된다는 착각에 사로잡혀 예수님을 죽이는 일에 집중하고 말았다. 그러나 예수님은 죽음에서 부활하심으로 사탄의 권세를 이기시고 하나님의 아들임을 입증하셨다.

> 성결의 영으로는 죽은 자들 가운데서 부활하사 능력으로 하나님의 아들로 선포되셨으니 곧 우리 주 예수 그리스도시니라 (롬1:4).

Chapter 13
부활과 승천

예수님은 십자가에서 육체가 완전히 죽어 시체가 되어 무덤에 장사 되었다. 사도바울은 예수 그리스도의 부활이 없었으면 우리의 믿음이 헛것이고 우리가 전파하는 것도 헛것이고 우리가 세상에서 제일 불쌍한 사람이라고 했다. 예수님의 부활이 없었다면 우리의 죄 사함도 없고 죄는 그대로 남아 우리는 하나님나라에 들어갈 수 없는 존재가 되고 만다. 그러므로 부활 사건은 인류에게 있어서 무엇보다 중요한 사건이다.

> 그리스도께서 죽은 자 가운데서 다시 살아나셨다 전파되었거늘 너희 중에서 어떤 사람들은 어찌하여 죽은 자 가운데서 부활이 없다 하느냐 (고전 15:12).

예수님의 죽으심으로 인해 우리의 죄가 예수님과 함께 십자가에서 완전히 죽어 없어졌으므로 하나님나라에 갈 수 있게 되었다.

> 우리는 그리스도 안에서 그의 은혜의 풍성함을 따라 그의 피로 말미암아 속량 곧 죄 사함을 받았느니라 (엡 1:7).

> 네가 만일 네 입으로 예수를 주로 시인하며 또 하나님께서 그를 죽은 자 가운

데서 살리신 것을 네 마음에 믿으면 구원을 받으리라 (롬 10:9).

부활하신 예수

예수님은 예언대로 십자가에서 죽으시고, 무덤에 장사되었다. 그리고 예언대로 사흘 만에 부활하셔서 제자들과 수많은 사람이 부활한 예수님을 직접 볼 수 있도록 그들에게 나타나셨다. 그리고 그들은 예수님의 부활을 목격한 증인이 되었다.

> 하나님이 사흘 만에 다시 살리사 나타내시되 모든 백성에게 하신 것이 아니요 오직 미리 택하신 증인 곧 죽은 자 가운데서 부활하신 후 그를 모시고 음식을 먹은 우리에게 하신 것이라 (행 10:40~41).

그리고 최소한 500명 이상이 예수님이 부활하신 것을 자신들의 눈으로 직접 목격했다.

> 내가 받은 것을 먼저 너희에게 전하였노니 이는 성경대로 그리스도께서 우리 죄를 위하여 죽으시고 장사 지낸 바 되셨다가 성경대로 사흘 만에 다시 살아나사 게바에게 보이시고 후에 열두 제자에게와 그 후에 오백여 형제에게 일시에 보이셨나니 그 중에 지금까지 대다수는 살아 있고 어떤 사람은 잠들었으며 그 후에 야고보에게 보이셨으며 그 후에 모든 사도에게와 맨 나중에 만삭되지 못하여 난 자 같은 내게도 보이셨느니라 (고전 15:3~8).

예수님은 부활하신 후, 40일 동안 이 땅에서 하나님나라의 일을 가르치시며 자신이 부활한 것을 사람들에게 나타내셨다.

> 그가 고난 받으신 후에 또한 그들에게 확실한 많은 증거로 친히 살아 계심을 나타내사 사십 일 동안 그들에게 보이시며 하나님나라의 일을 말씀하시니라 (행 1:3).

죽음의 권세를 가졌던 사탄은 과거의 아담을 통해서 받았던 사망권세로 하나님의 아들을 죽이면 하늘의 권세를 차지할 수 있을 것이라고 착각했다. 그래서 배후에서 사람들을 선동하여 예수 그리스도를 십자가에 못 박아 죽인 것이다. 그러나 하나님의 아들이 십자가에서 죽는 순간, 모든 상황이 자신의 생각과 다르게 변해버렸다. 사탄은 하나님이 창조 이전부터 계획하신 비밀을 알 수 없었던 것이다.

> 이 지혜는 이 세대의 통치자들이 한 사람도 알지 못하였나니 만일 알았더라면 영광의 주를 십자가에 못 박지 아니하였으리라 (고전 2:8).

그래서 하나님의 아들이 이 땅에 오지 못하도록 끊임없이 방해를 했고, 이 땅에 오신 이후로는 하나님의 아들을 죽이는 전략으로 계획을 수정하여 실행에 옮겼다. 하나님의 아들을 죽이면 모든 것이 자기의 것이 될 것이라는 어리석은 판단을 했지만, 예수님의 죽으심은 인류의 모든 죄를 단번에 해결하는 결과를 만들었다. 사탄은 그동안 수많은 사람을 죄짓도록 만들어 놨는데, 예수님이 한 번에 죄의 문제를 모두 해결해 버리신 것이다.

> 그러므로 한 사람으로 말미암아 죄가 세상에 들어오고 죄로 말미암아 사망이 들어왔나니 이와 같이 모든 사람이 죄를 지었으므로 사망이 모든 사람에게 이르렀느니라 (롬 5:12).

> 그러나 이 은사는 그 범죄와 같지 아니하니 곧 한 사람의 범죄를 인하여 많은 사람이 죽었은즉 더욱 하나님의 은혜와 또한 한 사람 예수 그리스도의 은혜로 말미암은 선물은 많은 사람에게 넘쳤느니라 (롬 5:15).

> 한 사람의 범죄로 말미암아 사망이 그 한 사람을 통하여 왕 노릇 하였은즉 더욱 은혜와 의의 선물을 넘치게 받는 자들은 한 분 예수 그리스도를 통하여 생명 안에서 왕 노릇 하리로다 (롬 5:17).

사탄(죄)의 종이 되었던 사람들이 예수님으로 인해 단번에 하나님의 자녀로 신분이 바뀌게 되었다.

> 우리가 알거니와 우리의 옛 사람이 예수와 함께 십자가에 못 박힌 것은 죄의 몸이 죽어 다시는 우리가 죄에게 종노릇 하지 아니하려 함이니 (롬 6:6).

> 그런즉 한 범죄로 많은 사람이 정죄에 이른 것같이 한 의로운 행위로 말미암아 많은 사람이 의롭다 하심을 받아 생명에 이르렀느니라 한 사람이 순종하지 아니함으로 많은 사람이 죄인 된 것같이 한 사람이 순종하심으로 많은 사람이 의인이 되리라 (롬 5:18~19).

뿐만 아니라 사탄이 가지고 있던 사망 권세는 예수님의 살아나심으로 완전히 박살나고 말았다. 예수님 앞에서는 사망 권세가 아무런 힘을 발휘하지 못한 것이다. 인류 역사상 죽은 사람이 다시 살아나는 일은 결코 없었는데 예수님은 부활하심으로 사탄이 가지고 있던 엄청나고 막강한 죽음의 힘을 이기셨다. 하나님이 창세 전에 계획하신 일이, 이 땅에서는 십자가를 통해 완성되었고, 영의 세계에서는 사망 권세를 가진 마귀가 멸망당하는 결과로 이루어진 것이다.

성결의 영으로는 죽은 자들 가운데서 부활하사 능력으로 하나님의 아들로 선포되셨으니 곧 우리 주 예수 그리스도시니라 (롬 1:4).

그 후에는 마지막이니 그가 모든 통치와 모든 권세와 능력을 멸하시고 나라를 아버지 하나님께 바칠 때라 그가 모든 원수를 그 발아래에 둘 때까지 반드시 왕 노릇 하시리니 맨 나중에 멸망 받을 원수는 사망이니라 (고전 15:24~26).

우리의 신앙은 십자가에서 우리 죄가 모두 용서받았으므로 죄에서 자유를 얻었다는 것에 만족하는 데서 멈추면 안 된다. 더 나아가 우리 믿는 사람은 부활이 우리 삶의 실제가 되는 삶을 살아야 한다. 우리는 성령의 권능으로 부활을 증거하는 사람이 되어야 한다.

항상 우리와 함께 다니던 사람 중에 하나를 세워 우리와 더불어 예수께서 부활하심을 증언할 사람이 되게 하여야 하리라 하거늘 (행 1:22).

예수 그리스도의 부활은 너무도 중요한 사건이다. 예수님의 부활이 없었으면 우리가 지금까지 믿어왔던 모든 것이 헛것이고, 우리에게 죄 사함이 없고 죄는 여전히 남아 있을 것이다.

그리스도께서 다시 살아나신 일이 없으면 너희의 믿음도 헛되고 너희가 여전히 죄 가운데 있을 것이요 (고전 15:17).

한 예로 유대인들이 예수님께 표적을 보여 달라고 요구하자 예수님은, 그동안 많은 기적을 일으켰음에도 불구하고, 단 하나의 표적! 요나의 표적, 즉 부활 표적밖에는 보여줄 것이 없다고 대답할 정도로 부활은 예수님 사역의 핵심 중 하나다.

예수께서 대답하여 이르시되 악하고 음란한 세대가 표적을 구하나 선지자 요나의 표적밖에는 보일 표적이 없느니라 (마 12:39).

제자들은 예수님과 함께 먹고 마시고 같이 자면서 3년 이상 동행하면서 예수님의 엄청난 기적을 보았고 자신들도 기적을 행하였으며 예수님을 그리스도로 고백했지만, 예수님이 부활하신 것을 목격하고서야 예수님이 진정 하나님의 아들이심을 믿게 되었다.

죽은 자 가운데서 살아나신 후에야 제자들이 이 말씀하신 것을 기억하고 성경과 예수께서 하신 말씀을 믿었더라 (요 2:22).

승천하신 예수

예수님은 부활한 모습을 자신을 죽인 빌라도나 종교 지도자들에게도 나타나 보여주실 수 있었다. 더 나아가 예루살렘 공중에 나타나셔서 수많은 사람에게 보여주실 수도 있었다. 하지만 예수님은 자신이 부활한 사실을 제자들과 500여 형제들에게만 보여주셨다. 그리고 제자들과 믿는 우리들이 대신 사람들에게 부활을 증거 하라고 명령하셨다.

생명의 주를 죽였도다 그러나 하나님이 죽은 자 가운데서 그를 살리셨으니 우리가 이 일에 증인이라 (행 3:15).

이후 예수님은 제자들이 보는 가운데 하늘로 올라 가셨다.

이 말씀을 마치시고 그들이 보는데 올려져 가시니 구름이 그를 가리어 보이지 않게 하더라 (행 1:9).

예수님은 승천하시기 전에, 감람원이라는 산에서 제자들과 모인 이들에게 당부의 말씀을 하셨다. 성령을 보낼 테니 예루살렘을 떠나지 말고 모여서 기도하라는 것이었다.

> 사도와 함께 모이사 그들에게 분부하여 이르시되 예루살렘을 떠나지 말고 내게서 들은 바 아버지께서 약속하신 것을 기다리라. 요한은 물로 세례(침례)를 베풀었으나 너희는 몇 날이 못 되어 성령으로 세례(침례)를 받으리라 하셨느니라 〈중략〉 오직 성령이 너희에게 임하시면 너희가 권능을 받고 예루살렘과 온 유대와 사마리아와 땅 끝까지 이르러 내 증인이 되리라 하시니라 이 말씀을 마치고 그들이 보는데 올려져 가시니 구름이 그를 가리어 보이지 않게 하더라 (행 1:4~9).

제자들의 말을 듣고 사도들을 포함한 120명의 성도가 성령을 기다리며 오직 기도에 전념했다. 10일이 지나자 예수님께서 약속하신 성령을 보내주셨다.

> 모인 무리의 수가 약 백이십 명이나 되더라 그 때에 베드로가 그 형제들 가운데 일어서서 이르되 (행 1:15).

그리고 제자들은 예수님이 승천하신 후 하나님 보좌 우편에 계신 것을 죽기 직전에 보기도 하고, 환상을 통해 예수님을 만나며 믿음을 더하게 된다.

> 스데반이 성령 충만하여 하늘을 우러러 주목하여 하나님의 영광과 및 예수께

서 하나님 우편에 서신 것을 보고 (행 7:55).

오직 그리스도는 죄를 위하여 한 영원한 제사를 드리시고 하나님 우편에 앉으사 (히 10:12).

'예수'라는 이름을 남기심

예수님은 자신의 이름으로 무엇이든지 구하라고 하시면서 '예수'라는 이름을 남기셨다. 그래서 제자들은 예수의 이름으로 병을 고치고 각종 기적을 일으켰다. 제자들이 '예수'의 이름으로 세례(침례)를 행할 때 성령을 선물로 받았다. 베드로는 '예수 그리스도의 이름'으로 앉은뱅이를 일으키는 기적을 행했다. 그리고 예수를 믿는 사람들은 '예수'의 이름으로 수많은 초자연적인 기적을 일으켰다.

내 이름으로 무엇이든지 내게 구하면 내가 행하리라 (요 14:14).

베드로가 이르되 너희가 회개하여 각각 예수 그리스도의 이름으로 세례(침례)를 받고 죄 사함을 받으라 그리하면 성령의 선물을 받으리니 (행 2:38).

베드로가 이르되 은과 금은 내게 없거니와 내게 있는 이것을 네게 주노니 나사렛 예수 그리스도의 이름으로 일어나 걸으라 (행 3:6).

사도바울은, '예수 그리스도'의 이름으로 귀신도 쫓아냈다. '예수'라는 이름의 권세가 얼마나 큰지 심지어 믿지 않는 자도 단지 예수의 이름으로 귀신을 쫓아내려고 시도했다. 누가복음 9장에는 예수의 이름으로 귀신을 쫓아내는 사건이 있고, 사도행전 19장에는 바울이 에베소에서 전도할 때,

예수 그리스도의 이름으로 엄청난 기적을 일으키자, 예수님을 구세주로 믿지 않았던 스게와의 일곱 아들이 자기들도 예수님의 이름으로 귀신을 쫓아내려고 시도했다.

이같이 여러 날을 하는지라 바울이 심히 괴로워하여 돌이켜 그 귀신에게 이르되 예수 그리스도의 이름으로 내가 네게 명하노니 그에게서 나오라 하니 귀신이 즉시 나오니라 (행 16:18).

이에 돌아다니며 마술하는 어떤 유대인들이 시험삼아 악귀 들린 자들에게 주 예수의 이름을 불러 말하되 내가 바울이 전파하는 예수를 의지하여 너희에게 명하노라 하더라 (행 19:13).

그러나 '예수 그리스도'의 이름으로 기적과 더불어 환난, 어려움, 박해, 굶주림, 헐벗음, 위험, 칼의 위협 역시 받았다. 예수의 이름으로 복음을 전함으로 인해 수많은 사람이 죽임을 당하기도 했다. 하지만 무엇보다 중요한 것은, '예수'라는 이름만이 구원을 받을 수 있는 유일한 길이기에 그들은 목숨을 걸고 예수님을 구세주라고 전했다.

무릇 그리스도 예수 안에서 경건하게 살고자 하는 자는 박해를 받으리라 (딤후 3:12).

누가 우리를 그리스도의 사랑에서 끊으리요 환난이나 곤고나 박해나 기근이나 적신이나 위험이나 칼이랴 (롬 8:35).

다른 이로써는 구원을 받을 수 없나니 천하사람 중에 구원을 받을 만한 다른 이름을 우리에게 주신 일이 없음이라 하였더라 (행 4:12).

보좌 우편에 앉으심

하늘나라로 가신 예수님은 지금 하나님 우편에 앉아 계시면서 우리 믿는 자의 삶을 도와주신다. 예수님은 직접 하나님의 우편에 앉으실 것을 말씀하셨다. 스데반도 순교 직전에 하나님의 우편에서 자신을 맞아주시는 예수님을 보았다. 제자들도 예수님이 하나님의 우편에 계신 것을 증거하고 있다.

> 그러나 이제부터는 인자가 하나님의 권능의 우편에 앉아 있으리라 하시니 (눅 22:69).

> 스데반이 성령 충만하여 하늘을 우러러 주목하여 하나님의 영광과 및 예수께서 하나님 우편에 서신 것을 보고 (행 7:55).

> 그는 하늘에 오르사 하나님 우편에 계시니 천사들과 권세들과 능력들이 그에게 복종하느니라 (벧전 3:22).

예수님은 지금도 하나님의 우편에 앉아 계신다. 그러므로 이 땅에 예수님이 재림했다고 주장하는 자들의 말은 모두 거짓이다. 성경의 예언대로 예수님이 재림하기 전후로 일어나야 할 많은 일들이 아직 다 실현되지 않았다.

예수님이 이 땅에 다시 오실 때는 구름을 타고 오신다고 했다. 구름을 타고 온다고 해서 이것을 비유적으로나 영적으로 해석하여 실제로 구름을 타고 오는 것이 아니라는 이단들의 주장은 재고의 가치도 없다. 예수님은 분명히 우리의 눈으로 볼 수 있게 구름을 타고 오실 것이다.

> 그 때에 인자가 구름을 타고 큰 권능과 영광으로 오는 것을 사람들이 보리라
> (막 13:26).

> 예수께서 이르시되 내가 그니라 인자가 권능자의 우편에 앉은 것과 하늘 구름
> 을 타고 오는 것을 너희가 보리라 하시니 (막 14:62).

> 그 때에 사람들이 인자가 구름을 타고 능력과 큰 영광으로 오는 것을 보리라
> (눅 21:27).

그러므로 현재, 이 땅에 재림 예수라고 주장하는 모든 이는 전부 가짜이
다. 또한, 십자가에서 다 이루셨기 때문에, 재림하셔서 지금 이 땅에서 추
가로 무언가를 하셔야 할 일도 남아 있지 않다. 전도하고 가르치고 하는
사역은 제자들과 우리들에게 모두 맡기셨다. 무엇보다도, 예수님은 가신
그대로 오시기 때문에, 이 땅에서 사람의 몸에서 다시 태어날 필요가 없
으시다.

그러므로 사람의 몸을 통해 태어난 사람은 결코 재림예수가 될 수 없다.
모두 엉터리고 거짓말쟁이들이다. 자칭 재림예수라고 주장하는 이들 뒤
에는 사탄이 그들을 조종하고 있다. 예수님의 사역은 육신을 입고 있는
동안 완성하셨다. 그리고 성령님을 보내셔서 우리를 도와 주신다.

> 그러나 내가 너희에게 실상을 말하노니 내가 떠나가는 것이 너희에게 유익이
> 라 내가 떠나가지 아니하면 보혜사가 너희에게로 오시지 아니할 것이요 가면
> 내가 그를 너희에게로 보내리니 (요 16:7).

예수님이 육체의 몸으로 이 땅에 계실 때는 공간의 제약을 받으시므로
이스라엘 땅과 주변 나라에서만 예수님을 만날 수 있었다. 하지만 예수님

은 이 땅에서의 일을 이루시고 원래 계셨던 하나님나라로 돌아가시면서, 성령님을 보내 주셔서 이제는 모든 곳에 누구나 함께 할 수 있게 되었다.

2천여 년 전에 예수님이 이 땅에 오셨을 때, 하늘에는 성자 하나님이 계시지 않았다.

성령을 보내심

승천하신 예수님은 약속하신 성령님을 보내 주셨고, 지금도 우리는 성령님이 인도하시는 시대에 살고 있다. 그분의 은혜와 도우심으로 우리는 그리스도인으로서의 사명을 다하며 살아가고 있다.

공간적 제약을 받으셨던 예수님은 모든 인류의 구원을 위해 공간적 제약을 받지 않으시는 보혜사 성령님을 보내기로 약속하시고 우리에게 보내셨다. 우리가 성령을 받으면 권능을 행하고 예수님의 증인이 된다. 우리는 여호와의 증인이 아니라 예수의 증인이다. 성령님은 2천 년 전 초대 교회뿐만 아니라, 지금도 우리와 함께 계시고 앞으로도 영원히 우리와 함께하실 것이다.

> 내가 아버지께 구하겠으니 그가 또 다른 보혜사를 너희에게 주사 영원토록 너희와 함께 있게 하리니 (요 14:16).

> 오직 성령이 너희에게 임하시면 너희가 권능을 받고 예루살렘과 온 유대와 사마리아와 땅 끝까지 이르러 내 증인이 되리라 하시니라 (행 1:8).

> 너희 몸은 너희가 하나님께로부터 받은바 너희 가운데 계신 성령의 전인 줄을 알지 못하느냐 너희는 너희 자신의 것이 아니라 (고전 6:19).

예수님의 말씀을 믿고 따랐던 제자들과 성도들은 성령을 기대하며 기도하면서 기다렸다. 오순절이 되자 기도하고 있던 사람들에게 드디어 성령이 임하셨다. 이후에도 고넬료의 집에서 이방인에게도 성령이 실제로 임하는 것을 체험하게 되었다.

> 오순절 날이 이미 이르매 그들이 다 같이 한 곳에 모였더니 홀연히 하늘로부터 급하고 강한 바람 같은 소리가 있어 그들이 앉은 온 집에 가득하며 마치 불의 혀처럼 갈라지는 것들이 그들에게 보여 각 사람 위에 하나씩 임하여 있더니 그들이 다 성령의 충만함을 받고 성령이 말하게 하심을 따라 다른 언어들로 말하기를 시작하니라 (행 2:1~4).

> 베드로가 이 말을 할 때에 성령이 말씀 듣는 모든 사람(이방인)에게 내려오시니 (행 10:44).

지금도 예수님께서 보내신 성령님이 우리 가운데 활동하고 계시고, 우리는 우리의 죄를 고백하고 예수님께서 용서해 주셨음을 믿는 증거로 세례(침례)를 받고 성령을 선물로 받는다. 성령을 받은 증거로 예수님을 나의 구세주로 시인하고 믿음으로 인해 우리는 구원을 받고 그 사실을 사람들에게 증거하고 있다.

> 베드로가 이르되 너희가 회개하여 각각 예수 그리스도의 이름으로 세례(침례)를 받고 죄 사함을 받으라 그리하면 성령의 선물을 받으리니 (행 2:38).

> 네가 만일 네 입으로 예수를 주로 시인하며 또 하나님께서 그를 죽은 자 가운데서 살리신 것을 네 마음에 믿으면 구원을 받으리라 (롬 10:9).

우리가 구원받은 증거는 내 자신이 예수를 진심으로 주인으로 믿으면 성령이 내 속에 들어와 영원토록 나와 함께 하신다는 것으로 알 수 있다.

> 그러므로 내가 너희에게 알리노니 하나님의 영으로 말하는 자는 누구든지 예수를 저주할 자라 하지 아니하고 또 성령으로 아니하고는 누구든지 예수를 주시라 할 수 없느니라 (고전 12:3).

자녀들의 처소를 예비하심

승천하신 예수님은 하늘나라에서 장차 우리가 거처할 곳을 마련하고 계신다. 예수님은 지금, 아버지 집에서 구원받은 신자들을 위한 거처를 마련하고 계신다. 예수님이 아버지의 집에 거할 곳을 모두 마련하시면, 예수님께서 다시 오셔서 우리들을 데려가 함께 살 게 될 것이다.

> 내 아버지 집에 거할 곳이 많도다 그렇지 않으면 너희에게 일렀으리라 내가 너희를 위하여 거처를 예비하러 가노니 가서 너희를 위하여 거처를 예비하면 내가 다시 와서 너희를 내게로 영접하여 나 있는 곳에 너희도 있게 하리라 (요 14:2~3).

> 참으로 우리가 여기 있어 탄식하며 하늘로부터 오는 우리 처소로 덧입기를 간절히 사모하노라 (고후 5:2).

성경은 분명 하늘로부터 오는 처소가 있다고 기록하고 있다. 그래서 우리는 예수님이 다시 오실 것을 학수고대하고 기다리는 것이다.

중보기도 하심

승천하신 예수님은 하늘나라에서 우리들을 위해 중보기도 하고 계신다. 예수님은 우리를 위해 하나님과 우리 사이의 중보자가 되셨다.

> 하나님은 한 분이시요 또 하나님과 사람 사이에 중보자도 한 분이시니 곧 사람이신 그리스도 예수라 (딤전 2:5).

예수님은 이 땅에서 사시면서 사람들을 위해 하나님께 중보자로서 기도하셨고 심지어 자신을 죽이는 사람들을 위해서도 기도하셨다.

> 예수는 물러가사 한적한 곳에서 기도하시니라 (눅 5:16).

> 이에 예수께서 이르시되 아버지 저들을 사하여 주옵소서 자기들이 하는 것을 알지 못함이니이다 하시더라 그들이 그의 옷을 나눠 제비 뽑을새 (눅 23:34).

예수님은 하나님 우편에서 지금도 우리들을 위해 중보기도하고 계신다. 그래서 예수님의 죽으심으로 구원받은 우리를 그 누구도 정죄할 수 없는 것이다.

> 누가 정죄하리요 죽으실 뿐 아니라 다시 살아나신 이는 그리스도 예수시니 그는 하나님 우편에 계신 자요 우리를 위하여 간구하시는 자시니라 (롬 8:34).

Chapter 14
제자들의 사역

이 땅에 오신 예수님은, 하나님나라 즉, 천국복음을 사람들에게 전하고 가르쳤다. 천국이 어떤 곳이며 어떻게 해야 갈 수 있는지 등을 사람들에게 전하셨다.

제자들은 예수님이 전하고 가르쳐주신 천국복음을 믿지 않는 이들에게 전함과 동시에 이스라엘 백성이 오랫동안 기다려왔던 구세주가 바로 예수님이었다는 사실을 전했다. 구세주 예수님이 어떻게 이 땅에 태어났으며, 이 땅에서 어떤 일을 하셨으며, 왜 십자가에 달리셨는지, 그리고 죽음에서 부활하시어 승천하신 것과 앞으로 재림하실 일에 대해서 예수의 증인이 되어 사람들에게 담대하게 전했다.

> 또 이르시되 이같이 그리스도가 고난을 받고 제 삼 일에 죽은 자 가운데서 살아날 것과 또 그의 이름으로 죄 사함을 받게 하는 회개가 예루살렘에서 시작하여 모든 족속에게 전파될 것이 기록되었으니 너희는 이 모든 일의 증인이라 (눅 24:46~48).

> 그들이 날마다 성전에 있든지 집에 있든지 예수는 그리스도라고 가르치기와 전도하기를 그치지 아니하니라 (행 5:42).

하나님의 나라를 전파하며 주 예수 그리스도에 관한 모든 것을 담대하게 거침없이 가르치더라 (행 28:31).

성령을 받음

예수님은 하늘나라로 가는 것이 제자들에게 유익하다고 말씀하셨다. 왜냐하면, 예수님이 가셔야 보혜사 성령님이 오셔서 우리 속에 항상 계실 수 있기 때문이라고 하셨다.

> 그러나 내가 너희에게 실상을 말하노니 내가 떠나가는 것이 너희에게 유익이라 내가 떠나가지 아니하면 보혜사가 너희에게로 오시지 아니할 것이요 가면 내가 그를 너희에게로 보내리니 (요 16:7).

예수님은 제자들이 사역을 하기 이전에 성령을 받아야 한다고 하셨다. 예수님께서 감람원이라는 산에서 승천하시기 직전에 마지막으로 말씀하셨다. 예루살렘을 떠나지 말고 기다리고 있으면 성령을 보내 주시겠고, 성령이 임하면 권능을 받아서 온 세상에 나가서 예수님의 증인이 될 것이라고 말이다.

> 사도와 함께 모이사 그들에게 분부하여 이르시되 예루살렘을 떠나지 말고 내게서 들은 바 아버지께서 약속하신 것을 기다리라 요한은 물로 세례(침례)를 베풀었으나 너희는 몇 날이 못 되어 성령으로 세례(침례)를 받으리라 하셨느니라 (행 1:4~5).

그리고 제자들은 감람산에서 예루살렘으로 돌아와 마가의 다락방에서 성령이 임하시기를 기다리며 모여서 기도하기 시작했다. 기도를 시작한지 열흘이 되던 오순절에 하늘로부터 급하고 강한 바람 같은 소리와 동시에 성령이 각 사람 머리에 임하고 성령 충만을 받게 된다. 이때, 120명 정도가 성령을 받게 되었다.

> 오순절 날이 이미 이르매 그들이 다 같이 한 곳에 모였더니 홀연히 하늘로부터 급하고 강한 바람 같은 소리가 있어 그들이 앉은 온 집에 가득하며 마치 불의 혀처럼 갈라지는 것들이 그들에게 보여 각 사람 위에 하나씩 임하여 있더니, 그들이 다 성령의 충만함을 받고 성령이 말하게 하심을 따라 다른 언어들로 말하기를 시작하니라 (행 2:1~4).

그리스도 예수의 증인

예수님이 하나님나라로 가신 후, 제자들은 자신들도 잡혀서 죽을까 봐 공포와 두려움에 떨며 숨어 살고 있었다. 그러나 예수님이 승천하신 지 10일이 지난 후 성령을 받은 제자들의 마음 상태는 이전과 완전히 달라져 엄청난 담대함을 얻게 되었다. 그동안 잡혀 갈까 두려워 숨어 있던 제자들이 문을 박차고 거리로 나와 예수님이 그리스도임을 담대하게 전하기 시작했다. 그렇게 제자들은 예수의 증인이 되었다.

> 하나님의 나라를 전파하며 주 예수 그리스도에 관한 모든 것을 담대하게 거침없이 가르치더라 (행 28:31).

제자들은 유대인들에게, '이스라엘 사람들아, 당신들도 보지 않았느냐! 예수님이 큰 권능과 기사와 표적을 행할 때, 너희 중에 수혜를 받은 사람도 있지 않느냐! 그분을 여러분이 확실히 십자가에서 죽였지 않느냐! 그

분이 죽은 것은 여러분의 죄를 대신해서 죽으신 것이다! 너희들이 죽였지만 그분은 부활하셨다! 예수님이 확실히 성경에 기록된 그리스도가 맞다! 우리는 여러분들이 죽인 예수님이 사흘 만에 부활하신 것을 분명히 목격했다! 그리고 예수님은 40일 동안 살아서 이 땅에서 하나님 나라를 전하셨다! 우리는 예수님의 부활을 목도한 증인이다!'라고 하며 사람들 앞에서 담대하게 선포했다.

그렇게 성령 충만함을 받은 제자들은 예수님의 탄생과 죽음, 부활, 승천, 재림에 대한 증인이 되어, 이것을 증거 하는 삶을 살았다. 제자들의 가르침을 지금까지 이어받은 우리는, 또 한 사람의 예수의 증인이 되었다.

> 이스라엘 사람들아 이 말을 들으라 너희도 아는 바와 같이 하나님께서 나사렛 예수로 큰 권능과 기사와 표적을 너희 가운데서 베푸사 너희 앞에서 그를 증언하셨느니라 그가 하나님께서 정하신 뜻과 미리 아신 대로 내준 바 되었거늘 너희가 법 없는 자들의 손을 빌려 못 박아 죽였으나 하나님께서 그를 사망의 고통에서 풀어 살리셨으니 이는 그가 사망에 매여 있을 수 없었음이라 〈중략〉 미리 본 고로 그리스도의 부활을 말하되 그가 음부에 버림이 되지 않고 그의 육신이 썩음을 당하지 아니하시리라 하더니 이 예수를 하나님이 살리신지라 우리가 다 이 일에 증인이로다 (행 2:22~32).

내가 죄인임을 고백하고 예수를 나의 구주로 받아들이는 행위는, 마땅히 죄가 있는 내가 죽어야 하는데 죄 없는 예수님이 대신 죽으셨음을 인정하는 것이고 사탄이 불의를 행했음을 증언하는 행위이다. 우리는 하나님의 심판대 앞에 섰을 때 예수의 증인이 되어 다음과 같이 증언함으로 사탄을 심판대에서 꼼짝 못 하게 만들게 될 것이다.

'하나님! 사탄에게 죄인들을 죽일 권세를 주셨고 사탄은 죄 지은 모든 사람을 죽이는 권세가 있기에 저도 당연히 죽어야 합니다. 하지만 죄가 없는 사람은 절대로 죽이면 안 되잖아요! 사탄은, 죄가 없으신 예수님을 죽였습니다. 제가 바로 그 증인입니다!'

죄 없으신 예수님을 죽인 것은 사탄이라고, 내가 죄인이라고 고백함으로 사탄의 죄가 온 천하에 드러나서 심판받게 된다. 다시 말해 예수님은 죄가 없으신데 내가 죄를 지었고, 예수님은 나 대신 죽으셨다고 고백하는 순간, 죄 없는 예수님을 죽인 일에 대한 사탄의 불의가 온 천하에 드러나게 되는 것이다. '사탄이 죄 없는 사람인 예수님을 죽인 것이 맞다!'고 내 입술로 고백하는 것이 사탄이 또다시 하나님의 말씀에 불법을 행했음을 온 천하에 알리는 일이다. 그 불법이 드러난 것을 내가 증인으로 증언함으로 구원이 내게 임한다.

하나님나라 확장

예수님이 이 땅에 오셔서 사람들에게 전한 복음의 내용은 '하나님나라'에 관한 것이었다. 그리고 제자들은 예수님이 가르쳐주신 '하나님나라'에 대한 복음과 함께 '예수님'이 누구신지에 대한 내용을 전했다. 다시 말해, 제자들은 하나님나라와 예수 그리스도에 대한 소식을 전했다. 제자들은 예수 그리스도의 탄생과 전하신 천국 복음, 십자가의 죽으심과 부활과 재림을 증거하면서 이 땅에서 하나님나라를 확장해 나갔다. 자신의 목숨도 아깝게 생각하지 않고 하나님과 예수 그리스도를 위해 복음을 전했다.

우리도 예수 그리스도의 제자 된 삶으로, 하나님나라가 어떻게 시작해서 확장되며 완성되어 가는지, 그리고 예수 그리스도의 역할은 무엇이며 그

분이 하신 일과 앞으로 하실 일이 무엇인지에 대한 내용을 성경 전체를 통해서 정확히 이해하고 가르치며 온 천하에 그 복된 소식을 전해야 한다.

> 또 이르시되 너희는 온 천하에 다니며 만민에게 복음을 전파하라 (막 16:15).

이 하나님나라의 비밀에 대해 이제는 비유가 아닌 실상으로 알고 이해되어야 하는 때가 되었다.

교 회

제자들의 전도를 통해 또 다른 제자가 생겨나고 그들을 통해 지금까지 복음이 이어져 오고 있다. 세월이 지나면서 제자들의 가르침 위에 교회 공동체가 세워지게 된다.

> 그들이 날마다 성전에 있든지 집에 있든지 예수는 그리스도라고 가르치기와 전도하기를 그치지 아니하니라 (행 5:42).

초대 교회 그리스도인들이 가정에 모여서 예배와 교제와 사도의 가르침과 나눔과 전도 등에 힘썼던 일을 통해 예수님을 그리스도로 믿는 신자들은 급격하게 증가하게 된다. 함께 모일 때마다 예수님의 명령을 따라 성찬을 나누고 예수님을 그리스도로 받아들임으로써 그곳이 교회가 되었다.

이처럼 곳곳에 가정 교회가 생겨났고 말씀과 기도와 교제를 통해 믿음도 성장해 나갔다.

날마다 마음을 같이하여 성전에 모이기를 힘쓰고 집에서 떡을 떼며 기쁨과 순전한 마음으로 음식을 먹고 (행 2:46).

교회가 성장하면서 고난과 핍박도 심해지기 시작했다. 로마의 티투스 장군에 의해서 AD 70년에 이스라엘이 멸망하면서 그리스도인들도 자연스럽게 세계 각국으로 흩어져 예수 그리스도를 전하게 되었다. 그러나 교회는 핍박을 당하게 되고 신자들은 목숨을 걸고 숨어서 예배를 드림으로써 교회의 명맥을 이어갔다. 그럼에도 불구하고 로마의 엄청난 박해로 인해 그리스도인들은 비참한 운명에 처하게 되었다. 교회는 폐쇄되었고 성경은 불태워지고 많은 그리스도인들이 개종을 거부하다 순교를 당했다. 하지만 이 철저한 탄압에 맞서 그리스도인들은 필사적으로 저항했고 로마의 황제가 아닌 예수님을 왕이요 주님으로 고백하는 사람들은 계속해서 증가했다.

그러다 드디어 AD 313년경 로마의 콘스탄티누스 황제가 기독교를 국교로 공표하고 적극적으로 기독교를 지지하게 되면서 교회라는 건물을 만들어 그곳에 모여 예배드릴 수 있도록 했다. 이제 핍박은 끝이 나고 숨어 있던 그리스도인들이 자유롭게 예배드릴 수 있게 되었다.

교회는 하나님이 세상에서 불러낸 구별된 사람들이 모인 공동체이다. 구성원들은 그리스도 안에서 공동체적인 삶을 추구하고 하나님의 말씀을 일상생활에서 실천하고 적용하면서 하나님과의 깊은 관계를 유지해 나가기 위해서 모이는 곳이다. 그래서 진정한 의미의 교회는 건물이 아닌 바로 사람들의 공동체, 즉 예수님을 구세주로 믿는 사람들의 모임을 뜻한다.

바울도 교회를 지체의 개념으로 말하고 있으며, 교회는 구속받은 성도들의 모임으로 공동체적 성격을 띠고 있다고 가르치고 있다. 그리고 그 공동체는 주님을 머리로 한 생명을 가진 유기적 공동체임을 강조한다. 즉 모든 그리스도인은, 중생함과 동시에 본질의 교회에 참여해야 하고, 교회의 본질은 기관이나 조직이 아닌 백성이며, 제도가 아닌 공동체이며 유형적이건 무형적이건 인격성을 가진 공동체 구성원이다.

> 그는 몸인 교회의 머리시라 그가 근본이시요 죽은 자들 가운데서 먼저 나신이시니 이는 친히 만물의 으뜸이 되려 하심이요 (골 1:18).

> 너희는 그리스도의 몸이요 지체의 각 부분이라 (고전 12:27).

그러므로 교회는 예수 그리스도를 주인으로 고백하는 무리를 뜻한다. 예수 그리스도의 이름으로 모여 예수님을 주로 시인하고 하나님나라의 원리를 받아들인 무리에게 교회란 칭호를 주셨다.

그리스도인의 모임 자체가 교회라고 해서 현재 한국과 전 세계에 있는 건물과 조직을 갖춘 유형의 교회를 배척해서는 안 된다. 분명히 성경에서는 유형의 교회도 등장하고 있다. 시대나 문화가 다르다고 교회의 원리나 근본정신이 사라지는 것은 아니다. 그러므로 초대 가정 교회의 정신과 그 역동성을 우리 시대 상황에 맞게, 적합한 방식으로 되살리는 것이 중요하다. 그렇게 하지 않으면 건강한 교회를 세우는 것은 쉽지 않고 건물의 교회에 갇혀 버리기 쉽다.

> 고린도에 있는 하나님의 교회 곧 그리스도 예수 안에서 거룩하여지고 성도라 부르심을 받은 자들과 또 각처에서 우리의 주 곧 그들과 우리의 주 되신 예수 그리스도의 이름을 부르는 모든 자들에게 (고전 1:2).

교회 공동체는 그리스도인을 양육해서 그리스도의 장성한 분량에 이르도록 누군가가 책임지고 지도하고 가르쳐야 하는 곳이다. 장성한 그리스도인으로 양육되어 대를 이어가야 한다. 다시 말해 누군가로부터 배웠기에 나도 전해야 하고 내가 배운 것으로 끝나서는 안 된다. 가르치는 사람이 있어야 하고 배우는 사람이 있어야 하기에 정기적인 모임을 할 수 있는 공간, 즉 건물이 필요하다.

> 우리가 다 하나님의 아들을 믿는 것과 아는 일에 하나가 되어 온전한 사람을 이루어 그리스도의 장성한 분량이 충만한 데까지 이르리니 (엡 4:13).

교회 건물이 없이 집이나 카페, 사무실 등에 모이는 것에 대해 이의를 제기하는 사람들이 있는데, 신구약 성경 전체를 보더라도 교회를 건물로 한정해 말하지는 않는다. 교회사적으로 볼 때도 교회의 건물은 로마에서 기독교가 공인되면서부터 발전하기 시작했다.

본질적인 교회 개념을 생각할 때는 그리스도인 한 사람 한 사람이 교회라 할 수 있고, 나아가 그리스도인이 모이는 모임, 즉 공동체를 교회라 할 수 있기 때문에 두세 사람이 예수 그리스도의 이름으로 모인 모임을 교회라고 부를 수 있다. 성경은 말씀이 바르게 선포되고 예배와 기도와 영적인 교제가 중요하며 건물로서의 교회(회당, 성전)가 중요한 것이 아니라 말씀과 복음을 가진 사람이 중요한 것이라고 강조한다. 예수님이 기적을 행한 것이 수단이었지 목적이 아니었듯이 건물은 어디까지나 복음전파와 교제를 위한 도구와 수단으로 생각하는 것이 마땅하다.

교회 공동체는 마음을 다하고 목숨을 다하고 뜻을 다하여 하나님을 사랑하고 우리들의 이웃을 우리 자신과 같이 사랑하려는데 중점을 두어야 한다. 초대 교회의 사역을 본받아 예배, 기도, 교제, 배움, 경건, 섬김, 나눔, 기쁨, 전도의 모범이 되며, 그리스도의 본을 받는 그리스도인이 되고, 믿음과 사랑과 기쁨의 공동체로 하나가 되기 위해 노력해야 한다. 먼저 된 성도의 변화되고 성숙한 삶을 보고 다른 그리스도인들도 장성한 분량으로 자라갈 수 있도록 노력해야 한다. 또한 믿지 않는 이들이 우리의 바른 행위의 열매를 보고 예수님께 나아오도록 해야 한다.

> 너희가 이방인 중에서 행실을 선하게 가져 너희를 악행한다고 비방하는 자들로 하여금 너희 선한 일을 보고 오시는 날에 하나님께 영광을 돌리게 하려 함이라 (벧전 2:12).

하나님의 말씀을 제대로 알지 못하고서 전파하면 문제가 생길 수 있기에 먼저 말씀을 바르게 알고 배우는 것이 중요하다. 교회의 개념도 마찬가지로 진정한 교회의 의미를 깨닫게 되면 형식과 제도에서 자유로워질 수 있다. 초대 교회의 정신과 중국의 지하 가정교회를 통해서 그리스도의 생명이 어떻게 유지되어 왔는지 우리는 보아왔다. 비록 건물로서의 교회는 아니었지만 이들의 모임을 교회가 아니라고 아무도 부정하지 못할 것이다.

예수님과 사탄과 사람

지금까지 하나님이 창세전에 감추어 두었던 비밀이 예수님과 사탄과 사람을 통해 어떻게 성취되어 왔는지 그 퍼즐이 맞추어졌다.

다시 한 번 더 강조하면, 하나님은 사람을 창조하시고 사람에게 세상을 다스리는 권세를 주셨다.

> 하나님이 자기 형상 곧 하나님의 형상대로 사람을 창조하시되 남자와 여자를 창조하시고 하나님이 그들에게 복을 주시며 하나님이 그들에게 이르시되 생육하고 번성하여 땅에 충만하라 땅을 정복하라 바다의 물고기와 하늘의 새와 땅에 움직이는 모든 생물을 다스리라 하시니라 (창 1:27~28).

하지만 사람은 하나님의 말씀에 불순종함으로 죄를 짓게 된다. 한 사람의 불순종으로 인해 모든 사람이 죄를 범하게 되었다.

> 그러나 이 은사는 그 범죄와 같지 아니하니 곧 한 사람의 범죄를 인하여 많은 사람이 죽었은즉 더욱 하나님의 은혜와 또한 한 사람 예수 그리스도의 은혜로 말미암은 선물은 많은 사람에게 넘쳤느니라 (롬 5:15).

> 모든 사람이 죄를 범하였으매 하나님의 영광에 이르지 못하더니 (롬 3:23).

사람은, 사탄에게 다스림의 권세를 빼앗기고 사탄의 종, 죄의 종, 사탄의 자녀가 되고 말았다. 종이 된 사람은 주인인 사탄이 시키는 대로 움직이는 존재로 전락하여 끊임없이 죄를 저지르며 살게 되었다.

> 그 때에 너희는 그 가운데서 행하여 이 세상 풍조를 따르고 공중의 권세 잡은 자를 따랐으니 곧 지금 불순종의 아들들 가운데서 역사하는 영이라 (엡 2:2).

> 하나님께 감사하리로다 너희가 본래 죄의 종이더니 너희에게 전하여 준 바 교훈의 본을 마음으로 순종하여 (롬 6:17).

하나님은, 사탄에게 사망권세를 주어 죄를 짓는 사람은 다 죽이라고 했다.

> 여호와 하나님이 뱀에게 이르시되 네가 이렇게 하였으니 네가 모든 가축과 들의 모든 짐승보다 더욱 저주를 받아 배로 다니고 살아 있는 동안 흙을 먹을지니라 (창 3:14).

> 죄의 삯은 사망이요 하나님의 은사는 그리스도 예수 우리 주 안에 있는 영생이니라 (롬 6:23).

사탄은 사망권세로, 사람들이 죄를 짓도록 하고 죄를 지은 사람을 하나도 남김없이 죽임으로써 구세주가 오는 통로를 차단하려는 전략을 사용했다.

> 그러므로 한 사람으로 말미암아 죄가 세상에 들어오고 죄로 말미암아 사망이 들어왔나니 이와 같이 모든 사람이 죄를 지었으므로 사망이 모든 사람에게 이르렀느니라 (롬 5:12).

그러나 사탄은, 죄를 지은 사람만 죽여야 하는데, 죄가 없는 사람도 죽여 버렸다. 예수님은 우리와 같은 사람이지만 죄가 없는 분이셨다.

> 우리에게 있는 대제사장은 우리의 연약함을 동정하지 못하실 이가 아니요 모든 일에 우리와 똑같이 시험을 받으신 이로되 죄는 없으시니라 (히 4:15).

> 그는 죄를 범하지 아니하시고 그 입에 거짓도 없으시며 (벧전 2:22).

예수님이 십자가에서 화목제물로 죽으심으로 죄의 대가를 대신 지불하셔서 인간들에게 구원의 길이 열리게 되었다.

> 곧 우리가 원수 되었을 때에 그의 아들의 죽으심으로 말미암아 하나님과 화목
> 하게 되었은즉 화목하게 된 자로서는 더욱 그의 살아나심으로 말미암아 구원
> 을 받을 것이니라 (롬 5:10).

죄가 없으신 예수님은, 십자가에서 죽으심으로, 죄가 있는 사람만 죽여야 하는 사탄이 죄 없는 사람을 죽이는 불의를 드러나게 하셨다.

> 네가 지음을 받던 날로부터 네 모든 길에 완전하더니 마침내 네게서 불의가 드
> 러났도다 (겔 28:15).

죽음의 권세를 가진 사탄에 의해 죽임을 당한 사람은 절대로 다시 살아날 수 없다. 그러나 예수님은 죽음의 권세를 이기고 살아나심으로 사탄의 모든 사망권세를 멸하셨다. 사탄의 사망권세도 예수님 앞에서는 전혀 효력을 발휘하지 못했다.

> 자녀들은 혈과 육에 속하였으매 그도 또한 같은 모양으로 혈과 육을 함께 지니
> 심은 죽음을 통하여 죽음의 세력을 잡은 자 곧 마귀를 멸하시며 (히 2:14).

예수님이 십자가에서 우리의 죄를 대신해서 죽으심으로 아담 이후 하나님과 단절되었던 우리의 관계는 회복되었다.

> 곧 우리가 원수 되었을 때에 그의 아들의 죽으심으로 말미암아 하나님과 화목
> 하게 되었은즉 화목하게 된 자로서는 더욱 그의 살아나심으로 말미암아 구원
> 을 받을 것이니라 (롬 5:10).

우리에게 성령이 임하고 성령님의 도우심으로 예수님을 나의 구세주로

믿는 순간 하나님과의 모든 관계가 회복되고, 우리는 하나님 앞에서 죄인이며 예수님이 우리 대신 죽으셨다는 사실을 증언하게 된다. 또한, 죄 없는 예수님을 죽인 범인이 사탄이라고 증거 할 때, 사탄의 범죄가 온 천하에 드러나게 된다.

> 사람이 마음으로 믿어 의에 이르고 입으로 시인하여 구원에 이르느니라 (롬 10:10).

증인인 우리를 근거로 하나님은 공의의 심판을 사탄에게 행하신다. 과거 사탄은, 하늘나라에서 하나님께 반역할 것을 마음으로 품었던 것을, 예수님을 죽임으로 행동으로 나타나게 되었다. 이것의 증인이 바로 나 자신이고 우리 모두이다. 내가 예수님을 구세주로 믿겠다고 고백하는 순간 사탄의 죄는 모두 드러난다. 이 증거로 하나님은 사탄을 영원한 불 못에 쳐 넣을 수 있는 판결을 할 수 있게 되었다.

우리가 믿음으로 구원받았다는 것을 확신하게 되면 예수를 구세주로 시인하게 된다. 이것은 나의 노력으로 된 것이 아니라 오직 하나님의 선물인 은혜임을 깨닫게 된다.

> 너희는 그 은혜에 의하여 믿음으로 말미암아 구원을 받았으니 이것은 너희에게서 난 것이 아니요 하나님의 선물이라 (엡 2:8).

믿는 자에게는 증거가 나타난다. 그것은 바로 행함이다. 우리는 예수의 증인이 되어야 한다. 여호와의 증인이 아니라 이제는 예수의 증인이 되어야 한다. 그가 우리를 위해서 이 세상에 인간의 몸을 입고 오셨고, 그가 하나님의 나라를 친히 증거 하셨고, 그가 우리의 죄를 대신하여 고난을 받으시고 십자가에서 죽으셨고, 삼일 만에 부활하셨으며, 40일 동안 땅에 계시다가 하늘로 승천하셨다는 것을 전하는 증인이 되어야 한다. 그리고 예수님이 다시 오실 것이라는 것에 대한 증인이 되어야 하고 많은 증인 앞에서 선한 싸움을 싸우는 증인이 되어야 한다.

> 믿음의 선한 싸움을 싸우라 영생을 취하라 이를 위하여 네가 부르심을 받았고 많은 증인 앞에서 선한 증언을 하였도다 (딤전 6:12).

예수님께서 고난을 받으셨듯이, 우리도 그리스도의 고난에 동참하고 고난 받는 예수의 증인이 되어야 한다.

> 오히려 너희가 그리스도의 고난에 참여하는 것으로 즐거워하라 이는 그의 영광을 나타내실 때에 너희로 즐거워하고 기뻐하게 하려 함이라 (벧전 4:13)

Chapter 15
그리스도인의 신앙생활

우리가 죄인 되었을 때 그리스도 예수께서 대신 죽으심으로 우리의 모든 죗값을 치르신 것을 믿는 순간, 우리는 죄의 용서함을 받고 그리스도 안에서 다시 태어나고 성령의 새롭게 하심으로 영생을 선물로 받게 된다.

> 우리가 아직 죄인 되었을 때에 그리스도께서 우리를 위하여 죽으심으로 하나님께서 우리에 대한 자기의 사랑을 확증하셨느니라 (롬 5:8).

> 우리는 그리스도 안에서 그의 은혜의 풍성함을 따라 그의 피로 말미암아 속량 곧 죄 사함을 받았느니라 (엡 1:7).

우리는, 우리의 노력으로 구원받는 것이 아니라 은혜로 말미암아 구원받았기 때문에, 구원받은 이후 하나님으로부터 받을 상급을 위해 바르게 살아야 한다. 우리의 구원이 99%의 하나님의 은혜와, 성경 말씀을 지켜 행해야 하는 우리의 1%의 노력이 합해져서 받는 것이 아니라, 오직 100% 하나님의 은혜로만 받는 것이다.

> 만일 은혜로 된 것이면 행위로 말미암지 않음이니 그렇지 않으면 은혜가 은혜
> 되지 못하느니라 (롬 11:6).

삼위일체 하나님은 예수 그리스도 안에 있는 모든 사람을 있는 그대로의 모습으로 받아주시고 사랑하신다. 하나님 자체가 사랑이시기 때문에 우리의 추악함이나 무능함 거짓됨 등 우리가 얼마나 보잘 것 없는 인간인 것과 관계없이 하나님은 그리스도 안에 있는 우리를 있는 그대로 받아주시고 사랑하신다.

> 사랑하지 아니하는 자는 하나님을 알지 못하나니 이는 하나님은 사랑이심이라
> (요일 4:8).

이러한 인간의 죄 된 모습을 하나님은 그대로 방치하기를 원하지 않으신다. 기록된 성경의 말씀대로 우리가 성령님의 도우심으로 예수님을 닮은 온전히 거룩한 자로 성장하도록 우리를 끊임없이 훈련시키신다.

> 평강의 하나님이 친히 너희를 온전히 거룩하게 하시고 또 너희의 온 영과 혼과
> 몸이 우리 주 예수 그리스도께서 강림하실 때에 흠 없게 보전되기를 원하노라
> (살전 5:23).

우리는 먼저 예수님의 제자가 되어 제자로서의 삶을 온전히 살아가기 위해 부단히 예수님을 닮은 존재가 되기 위해 노력해야 한다.

제자로서의 삶

하나님은 예수님을 믿는 우리가 예수 그리스도를 닮은 제자가 되기를 원하신다. 제자가 된 후에는 더 나아가 또 다른 제자를 가르치고 양육하기를 원하신다.

하나님은 우리가 예수를 믿고 난 다음, 그냥 어린아이 수준의 신앙생활이나 교회만 왔다 갔다 하는 신앙생활 하기를 원치 않으시고, 예수님을 본받아 예수님을 따르는 제자로서의 삶을 살기를 원하신다.

우리가 누군가로부터 전도를 받고 신앙생활을 시작하게 되면, 우리는 그리스도의 제자가 되기 위해 훈련받아야 한다. 예수님은 지상 사역을 마치시고 승천하기 전에 마지막으로 모든 민족을 제자로 삼으라고 말씀하셨다.

> 그러므로 너희는 가서 모든 민족을 제자로 삼아 아버지와 아들과 성령의 이름으로 세례(침례)를 베풀고 내가 너희에게 분부한 모든 것을 가르쳐 지키게 하라 볼지어다 내가 세상 끝 날까지 너희와 항상 함께 있으리라 하시니라 (마 28:19~20).

우리는 단순히 예수님을 믿기만 하는 성도가 아니라 주님의 제자로 부름 받았다. 그래서 우리는 제자로 훈련을 받아야 하고, 더 나아가 또 다른 제자를 양육해야 한다. 제자의 삶은 결코 평탄한 삶이 아니다. 그 길은 고난의 길이요 어쩌면 주위의 혈연과도 관계를 정리해야 할 정도의 마음가짐을 가져야 한다. 더 나아가 자신의 소유를 다 버리고 죽음을 각오해야 하는 상황에 이를 수도 있다.

> 베드로가 여짜오되 보옵소서 우리가 우리의 것을 다 버리고 주를 따랐나이다 (눅 18:28).

> 제자 중에 또 한 사람이 이르되 주여 내가 먼저 가서 내 아버지를 장사하게 허락하옵소서 예수께서 이르시되 죽은 자들이 그들의 죽은 자들을 장사하게 하고 너는 나를 따르라 하시니라 (마 8:21~22).

주님의 제자가 진정한 크리스천이다. 바꿔 말하면, 진정한 크리스천이 되려면 예수님의 제자가 되어야 한다는 말이다. 제자는 예수님으로부터 배우고 훈련받고 예수님이 가르치신 말씀을 지켜 행하는 자이다. 제자가 예수님으로부터 배워야 하는 것은 성경에 기록된 예수님의 인격과 삶이다. 인격을 본받는 것의 핵심은 예수님의 마음을 깨닫고 그대로 살아가는 것이다. 그래서 예수님은 친히 자신에게 배우라고 말씀하셨다.

> 나는 마음이 온유하고 겸손하니 나의 멍에를 메고 내게 배우라 그리하면 너희 마음이 쉼을 얻으리니 (마 11:29).

또한, 제자는 주님의 명령을 따라 다른 사람들을 주님의 제자로 만드는 사람이다. 그래서 주님의 명령을 따라 예수님의 제자들은 또 다른 많은 사람을 제자로 삼았다.

> 복음을 그 성에서 전하여 많은 사람을 제자로 삼고 루스드라와 이고니온과 안디옥으로 돌아가서 (행 14:21).

그 제자들이 대를 이어 지금의 우리에게 이르러 우리도 주님의 제자가 되어야 하고, 우리 역시 또 다른 제자를 삼아 그들을 양육해야 한다. 예수님의 사도였던 바울은 '자기가 그리스도를 본받은 것 같이 나를 본받으라'고 말했다.

> 내가 그리스도를 본받는 자가 된 것같이 너희는 나를 본받는 자가 되라 (고전 11:1).

우리도 바울과 같이 다른 신자들에게 '나를 본받으라'라고 말할 정도의 수준으로 예수님을 닮은 인격을 갖추어야 한다.

예수님을 닮아가는 삶

제자가 된 우리는 예수님을 닮은 성도가 되는 것을 목표로 살아가야 한다. 한마디로 하나님의 성품을 가지신 예수님처럼 삶의 태도와 행동, 방식을 취하며 살아야 한다. 우리의 힘과 노력으로는 불가능한 일이겠지만 성령님의 도우심으로 충분히 가능하다.

> 이제 인내와 위로의 하나님이 너희로 그리스도 예수를 본받아 서로 뜻이 같게 하여 주사 (롬 15:5).

예수님을 닮은 삶을 산다는 것은 그리스도 예수님의 성품과 그의 삶의 방식을 따르며 산다는 것을 의미한다. 주님은 우리의 가치관, 삶의 목적, 생각, 세상을 보는 관점, 삶을 살아가는 자세 등 모든 분야에서 예수님을 닮은 사람으로 살아가기를 원하신다. 세상 사람들보다 더 나은 수준의 삶을 살기를 원하시고, 우리 마음대로 행하며 살아왔던 옛사람의 행실을 버리고 그리스도의 성품이 나타나는 삶을 사는 것을 원하신다.

그리스도와 닮은 성품을 지니는 것은 자신을 비우는 삶이다. 예수님은 하나님이시지만 사람으로 이 땅에 발을 내딛는 순간 신으로서의 자신의 모든 특권을 버리셨다. 한마디로 자신의 권위를 자발적으로 포기하시고 자기를 비워 인류를 위한 종이 되신 것이다. 그리고 이 땅에서 결코 대접을 받지 않으시고 철저히 남을 섬기는 삶을 사셨다. 그리고 마침내 섬김의 최고봉인 자신의 목숨까지 바치셨다.

> 너희 안에 이 마음을 품으라 곧 그리스도 예수의 마음이니 그는 근본 하나님의 본체시나 하나님과 동등 됨을 취할 것으로 여기지 아니하시고 오히려 자기를 비워 종의 형체를 가지사 사람들과 같이 되셨고 사람의 모양으로 나타나사 자기를 낮추시고 죽기까지 복종하셨으니 곧 십자가에 죽으심이라 (빌 2:5~8).

온전하게 사는 삶

하나님께서는 우리가 잘못된 것 없는 바르고 늘 옳은 것을 행하는 온전한 그리스도인의 삶을 살기를 원하신다. 이것은 성숙한 그리스도인이 끊임없이 노력해서 도달해야 할 목표이다. 그렇다고 하나님이 우리가 스스로 온전함에 이르도록 방관하시는 것이 아니라 늘 성령님께서 도와주시도록 하신다.

> 그러므로 하늘에 계신 너희 아버지의 온전하심과 같이 너희도 온전하라 (마 5:48).

> 너는 네 하나님 여호와 앞에서 완전하라 (신 18:13).

우리가 온전한 사람이 될 뿐만 아니라 더 나아가 다른 형제자매들이 하나님 앞에서 온전한 사람으로 세워지도록 도움을 줘야 한다. 이를 위해서는 우리 자신이 먼저 온전한 사람이 되어야 한다.

> 우리가 그를 전파하여 각 사람을 권하고 모든 지혜로 각 사람을 가르침은 각 사람을 그리스도 안에서 완전한 자로 세우려 함이니 (골 1:28).

주인을 바꾸는 삶

우리가 지은 죄를 회개하고 예수님을 믿는 순간 예수님은 우리의 주인이 되어주신다. 내 안에 그리스도께서 들어오셔서 사시게 되는 것이다. 우리가 그리스도인으로서 온전한 자, 완전한 자가 되기 위해서 우리가 해야 할 최우선의 과제는 나의 주인 자리를 바꾸는 일이다. 날마다 내가 나의 주인이 되어 살아가고 있지만 이제부터는 예수님을 나의 주인으로 모시고 사는 삶을 살아야 한다. 말 그대로 예수님과 나의 관계는 주인과 종의 관계임을 스스로 인정하고 하나님에 대한 나의 태도와 생각과 삶의 방식을 바꾸어야 한다.

죄로 물든 삶을 살 때는, 내가 내 마음대로 하고 싶은 것을 하는 삶을 살았지만, 이제는 주인의 자리가 바뀌었음을 받아들이고 신분에 맞게 행동해야 한다.

> 내가 그리스도와 함께 십자가에 못 박혔나니 그런즉 이제는 내가 사는 것이 아니요 오직 내 안에 그리스도께서 사시는 것이라 이제 내가 육체 가운데 사는 것은 나를 사랑하사 나를 위하여 자기 자신을 버리신 하나님의 아들을 믿는 믿음 안에서 사는 것이라 (갈 2:20).

도마는 주님의 부활을 자신의 눈으로 보는 순간, '나의 주님! 나의 하나님!'이라는 고백을 하고 온전하게 주님을 모시고 맞아들였다. 그리고 그분을 위해 머나먼 인도에까지 가서 복음을 전하고 자신의 목숨을 바쳤다. 우리도 도마처럼, 다른 제자들처럼 나의 주님으로 예수님을 모시고 내 뜻대로 행하는 것이 아니라 그분의 뜻대로 행하며 살아가야 한다. 그분의 뜻은 성경에 기록되어 있다. 기록된 하나님의 말씀대로 사는 것이 바로 주님을 모시는 삶이고, 매 순간순간마다 주님께 묻고 행하는 것이 바로 주님 뜻대로 사는 삶이다.

그러나 구원받고 난 후의 우리 삶이 금세 그렇게 변하는 것은 아니다. 주인이 바뀌었지만 여전히 내가 주인 노릇하며 살고 있다. 예수 그리스도를 진정한 나의 주인으로 인정하지 않기 때문이다. 예수님이 나를 죄악에서 핏값을 지불하고 사셨으니 나의 소유권은 예수님께 넘어간 것이다. 이제부터는 선택권이 주님에게 있는 것이다. 그래서 우리가 진실한 성도라면 가정도, 직장도, 삶의 선택도 이제 내 뜻대로 할 것이 아니라 어떤 일을 하기 전에 먼저 주인이신 예수님께 여쭤보는 삶을 살아야 한다. 삶의 선택권, 우선권이 내게 있는 것이 아니라 주님께 있기 때문이다. 이제 우리는 전 인격적으로 나의 모든 우선권과 소유권, 선택권을 주님께 드리고 주님께 기도하고 물어보며 결정해야 한다.

> 우리 중에 누구든지 자기를 위하여 사는 자가 없고 자기를 위하여 죽는 자도 없도다 우리가 살아도 주를 위하여 살고 죽어도 주를 위하여 죽나니 그러므로 사나 죽으나 우리가 주의 것이로다 이를 위하여 그리스도께서 죽었다가 다시 살아나셨으니 곧 죽은 자와 산 자의 주가 되려 하심이라 (롬 14:7~9).

한 여인이 두 남편을 섬길 수 없는 것처럼 오직 주인은 한 분이어야 하며, 그 주인은 예수님이 되어야 한다.

그리스도인의 정체성 발견

사탄은 어떤 수단과 방법을 가리지 않고 사탄의 종인 사람들이 예수님을 구세주로 믿지 못하도록 방해한다. 반면 하나님의 은혜로 구원받은 자들에게는 다른 전략으로 다가간다. 그것은 그리스도인이 자신의 정체성을 깨닫지 못하도록 하는 전략이다. 사탄은 하나님의 속성인 공의의 잣대를 대며 우리가 구원받은 자로서의 삶을 성경 말씀대로 제대로 살아가고 있는지 없는지를 정죄의 눈초리로 유심히 관찰하고 있다. 그래서 행여 그리스도인이 성경에 기록된 말씀대로 살지 못할 때 수많은 갈등과 죄책감에 빠지도록 부추긴다. 믿음으로 구원받은 은혜의 삶이 아니라 행위 자체만을 강조하는 율법적인 삶을 살도록 유도하는 것이다.

그리스도인들이 마음에 평안과 안식을 얻기 위해서는 하나님을 위해서 무엇인가를 해야만 한다고 생각한다. 그래서 열심을 내야 되겠다는 결심을 하고 다시 신앙생활에 헌신과 열심을 내보지만 또 얼마 지나지 않아 말씀을 지켜 행하지 못함으로 인한 갈등과 정죄감에 빠지게 된다. 그리고 자신의 삶을 되돌아보고 다시금 새롭게 하나님을 위해 무언가를 해야 한다고 다짐하고 열심히 헌신에 빠진다. 우리의 신앙생활은 자유함과 안식이 없이 늘 쳇바퀴 돌듯이 똑같은 패턴으로 열심을 품어 일하다가 정죄함에 빠지고 재결심해서 다시 열심을 품고 일하다 다시금 정죄감에 빠지는 삶을 반복하게 된다. 물론 그런 가운데 우리의 믿음 역시 조금씩 아주 조금씩 성장해나갈 것이다. 그러나 진정한 하나님 아버지의 마음은 자녀 된 우리가 예수 그리스도 안에서 참된 자유와 평안을 누리는 삶을 살기를 원하신다. 우리의 삶이 늘 죄책감에 빠져 사는 것은 사탄이 하나님의 말씀을 이용해서 우리의 마음을 평안으로부터 빼앗아가기 때문이다.

사탄은 늘 귓속말로 '네가 거짓말하고 마음으로 남을 미워하고 간음하고 이기적이고 용서하지 못하면서 하나님의 자녀라고?' 하면서 우리를 정죄하고 우리에게 죄책감을 심어준다. 그럴 때마다 우리는 '맞아 내가 이래가지고야 하나님의 자녀라고 말할 수 없지.'라고 속으로 생각한다. 한마디로 나의 정체성이 뭔지 헷갈리기 시작한다. 하나님의 자녀인지? 사탄의 종인지? 하나님의 자녀가 맞는 것 같기는 한데 행동은 사탄의 종인 것 같기도 하고 늘 갈등 가운데 살아간다. 그러나 성경에서는 분명히 우리의 정체성을 '하나님의 자녀'라고 말하고 있다.

> 영접하는 자 곧 그 이름을 믿는 자들에게는 하나님의 자녀가 되는 권세를 주셨으니 (요 1:12).

죄의 생활방식을 따르던 나의 옛사람은 예수 그리스도와 함께 십자가에서 이미 죽었고, 구원받기 전의 죄의 성품도 모두 죽었다. 그래서 더 이상 옛사람이 존재하지 않는다는 사실을 이해하고 의지적으로 믿어야 한다. 더 이상 옛사람은 존재하지 않는다는 것을 깨달으려면 먼저 의지적으로 성경에 기록된 말씀을 믿어야 한다. 그러나 우리의 생각으로는 쉽게 옛사람이 죽었다고 받아들이지 못한다. 왜냐하면 너무나도 오랜 시간 동안 사탄의 거짓말에 속아왔기 때문이다. 우리가 우리의 죄 된 성품이 죽었다고 느끼지 못할지라도 하나님은 우리의 성품이 이미 죽었다고 말씀하신다. 나의 생각을 믿을 것인지 하나님의 기록된 말씀을 믿을 것인지는 내가 어떻게 받아들이느냐의 문제이다.

> 우리가 알거니와 우리의 옛사람이 예수와 함께 십자가에 못 박힌 것은 죄의 몸이 죽어 다시는 우리가 죄에게 종노릇 하지 아니하려 함이니 (롬 6:6).

> 내가 그리스도와 함께 십자가에 못 박혔나니 그런즉 이제는 내가 사는 것이 아니요 오직 내 안에 그리스도께서 사시는 것이라 이제 내가 육체 가운데 사는 것은 나를 사랑하사 나를 위하여 자기 자신을 버리신 하나님의 아들을 믿는 믿음 안에서 사는 것이라 (갈 2:20).

우리는 그리스도의 생명으로 인해 새사람이 되었다. 우리가 구원받은 즉시 얼마나 변화되었는지를 쉽게 알지는 못하지만 예수님은 우리 안에 거하실 뿐만 아니라 우리의 생명 자체가 되어주신다. 그래서 그리스도인의 삶은 그리스도께서 내 안에 사시는 삶 그 자체로 변화되었다.

> 너희는 유혹의 욕심을 따라 썩어져 가는 구습을 따르는 옛사람을 벗어버리고 오직 너희의 심령이 새롭게 되어 하나님을 따라 의와 진리의 거룩함으로 지으심을 받은 새사람을 입으라 (엡 4:22~24).

나의 정체성은 거듭날 때 정해지는 것이지 나의 행위로 정해지는 것이 아니다. 사탄은 나의 행위에 관심이 있지만 하나님은 나와의 관계에 관심이 있다. 그러므로 내가 무엇을 하든지 어떤 일을 하든지 그리스도인으로서의 정체성은 결코 변하지 않는다. 그렇다고 행위를 아무렇게나 하라는 의미가 아니다. 우리는 하나님의 자녀이다. 우리가 바른 행위를 하려고 열심히 노력하고 바른 행위를 했기 때문에 하나님의 자녀가 된 것이 아니라, 우리가 하나님의 자녀이기 때문에 바른 행위를 하려고 노력하며 살아야 하는 것이다.

Chapter 16
예수 그리스도의 재림

우리는 미래에 일어날 일들에 대해서 성경을 통해서 어느 정도 알 수 있다. 하나님이 정하신 마지막 때가 되면 하나님의 우편에 앉아 계시던 예수님이 영광과 능력으로 구름을 타고 이 땅으로 다시 오시는 것을 목도하게 될 것이다.

> 예수께서 이르시되 내가 그니라 인자가 권능자의 우편에 앉은 것과 하늘 구름을 타고 오는 것을 너희가 보리라 하시니 (막 14:62).

예수님이 다시 오실 때, 모든 사람이 자신의 눈으로 정확히 볼 것이며, 믿지 않았던 모든 사람들은 통곡하게 될 것이다.

> 그 때에 인자의 징조가 하늘에서 보이겠고 그 때에 땅의 모든 족속들이 통곡하며 그들이 인자가 구름을 타고 능력과 큰 영광으로 오는 것을 보리라 (마 24:30).

재림하실 예수 하나님

예수님이 다시 오시는 날은 어떤 이에게는 도둑같이 이르러서 준비도 되지 않은 상태로 큰 변을 당하는 날이 될 것이다.

> 주의 날이 밤에 도둑같이 이를 줄을 너희 자신이 자세히 알기 때문이라 그들이 평안하다 안전하다 할 그 때에 임신한 여자에게 해산의 고통이 이름과 같이 멸망이 갑자기 그들에게 이르리니 결코 피하지 못하리라 (살전 5:2~3).

> 그러나 주의 날이 도둑같이 오리니 그 날에는 하늘이 큰 소리로 떠나가고 물질이 뜨거운 불에 풀어지고 땅과 그 중에 있는 모든 일이 드러나리로다 (벧후 3:10).

그러나 예수님을 구세주로 믿고 하나님의 말씀대로 살려고 부단히 노력하는 성도들에게는 그날이 도둑같이 임하지 않고 주님이 재림하는 것을 눈으로 보게 되는 날이 될 것이다.

> 형제들아 너희는 어둠에 있지 아니하매 그날이 도둑같이 너희에게 임하지 못하리니 (살전 5:4).

특히 이단들은, 주님이 도둑같이 온다고 주장하면서 자신들의 교주가 재림한 예수이고 진실로 아무도 모르게 도둑같이 오셨다고 말한다. 대부분의 이단들은 예수님이 벌써 오셔서 이 땅에서 사역을 하고 있다고 말한다. 그러나 예수님이 다시 오셔서 이 땅에서 특별히 사역한다는 내용의 말씀은 성경에 기록되어 있지 않다.

성경의 예언에 의하면 예수님은 이 땅에 두 번 오시는 것으로 되어 있다.

초림은 메시야(그리스도)로서 구원사역을 위해 오셨고, 그리고 두 번째 재림은 심판자(왕)로 심판사역을 위해 오신다고 기록되어 있다.

첫 번째 과거에 이미 오신 초림 사역은, 예수님이 약 2,000년 전에 유대 땅에 사람으로 오셔서 아담의 범죄와 아담 이후의 모든 인류가 범한 죄를 사하는 구원사역을 위해 십자가에서 죽으심으로 완성하셨다.

> 예수께서 신 포도주를 받으신 후에 이르시되 다 이루었다 하시고 머리를 숙이니 영혼이 떠나가시니라 (요 19:30).

그리고 예수님은 삼 일 만에 죽음에서 부활하셨다. 그 십자가 사역은 죄인을 위한 구원사역이었지만 다른 한 편에서는 창세기 3장 15절 "여자의 후손은 네 머리를 상하게 할 것이요 너는 그의 발꿈치를 상하게 할 것이니라"는 예언의 말씀의 성취이기도 하다.

예수님의 십자가 사역과 부활 이후에 사탄은 '머리가 상한 뱀'의 모습, 즉 하나님과의 전쟁에서 패전한 모습을 갖게 되었다. 하지만 사탄과 그의 무리들은 백보좌 심판 때까지 최후의 발악을 하며 할 수만 있으면 수단과 방법을 가리지 않고 택하신 자들을 미혹해서 타락시키려 할 것이다.

> 거짓 그리스도들과 거짓 선지자들이 일어나 큰 표적과 기사를 보여 할 수만 있으면 택하신 자들도 미혹하리라 (마 24:24).

그렇다면 여기서 우리는 이런 의문을 품게 될 것이다. 왜? 하나님은 악한 사탄과 그의 추종 세력들을 조속히 심판하지 않으시고 내버려 두시는 것일까? 즉, 사탄과 그를 따르는 귀신들과 사탄에 속하여 악한 이론과 지식으로 하나님을 대적하는 불신자들과, 신앙생활을 한다고 하지만 짝퉁 신자인 가라지 같은 성도들과, 성경 지식에 굳세지 못한 성도들을 미혹하는 거짓 선지자들을 왜? 지옥 불에 단번에 던져 버리지 않으시고 성도들을 미혹하도록 끝까지 내버려 두시는 것일까?

천국에는 영원 전부터 스스로 계신 성부 · 성자 · 성령 삼위의 하나님과 하나님으로부터 지음을 받아 하나님을 섬기는 천사들이 이미 하늘나라의 구성원으로 살고 있다. 그런데 완전하신 하나님께서 최종적으로 만들고자 하시는 하늘나라는, 피조물인 천사들만으로는 부족했다. 더욱이 첫 피조물인 천사들 중 루시엘은 하나님께서 최고의 아름다움과 완전함으로 만드셨지만, 겸손과 순종함으로 하나님을 섬긴 것이 아니라 어느 순간 교만하여져서 하나님의 자리를 넘보고 하나님께 반역을 꾀하고 말았다.

하나님은 하늘나라에서 함께할 두 번째 피조물인 인간을 만드셨고, 이들이 하늘이 아닌 땅에 거하며 고난을 통해 피조물로서의 순종과 하나님을 의지하고 감사함을 배우게 하시어 장차 하늘나라 구성원으로 삼고자 하셨다. 그리고 이 계획은 예수 그리스도를 통하여 성취되었다. 다만 성도들이 하늘나라의 구성원으로 입성하기까지 믿음의 인내와 성숙을 위한 도구로 사용하기 위해 악한 세력들을 한시적으로 그대로 내버려 두시는 것이다.

> 이제 하늘과 땅은 그 동일한 말씀으로 불사르기 위하여 보호하신 바 되어 경건하지 아니한 사람들의 심판과 멸망의 날까지 보존하여 두신 것이니라 (벧후 3:7).

예수님의 십자가 사역에서 재림까지의 시기에 악한 사탄과 그의 추종

세력은 최후의 발악을 하며 택하신 자들을 미혹해서 타락시키려 할 뿐만 아니라 거짓 신자이지만 참 신자와 거의 유사한 가라지 신자를 교회 안에 파송할 것이다. 그럼에도 불구하고 하나님은 천국에서 영원토록 하나님과 함께 살아갈 하늘나라의 구성원을 만들어 가신다.

하늘나라의 구성원을 만드시는 방법으로는 전도하여 새 신자를 만드는 것과 교회 구성원들 가운데서 가라지와 알곡을 구별하여 알곡 성도에게는 미혹과 환난을 통과하게 해서 알곡 성도들을 더욱 알곡 성도 되게 하시는 것이다.

> 손에 키를 들고 자기의 타작마당을 정하게 하사 알곡은 모아 곳간에 들이고 쭉정이는 꺼지지 않는 불에 태우시리라 (마 3:12).

그러므로 우리는 예수님의 재림 때까지 결코 거짓 유혹에 미혹되어서는 안 된다.

> 예수께서 대답하여 이르시되 너희가 사람의 미혹을 받지 않도록 주의하라 많은 사람이 내 이름으로 와서 이르되 나는 그리스도라 하여 많은 사람을 미혹하리라 (마 24:4~5).

예수님의 두 번째 오심, 즉 재림은 심판자인 왕으로서의 악한 사탄과 최후의 발악을 하는 그의 추종세력들을 심판하러 공개적으로 오시는 심판사역인 것이다. 지금의 이단들이 주장하는 도둑같이 이미 와서 특별사역을 한다고 하는 것은 성경말씀과는 거리가 먼 주장일 뿐이다. 성경에 예수께서 도둑같이 어느 날에 임한다는 표현은 주님의 뜻과는 상관없는 신앙생활을 하거나 주님을 멀리 떠난 사람에게 해당하는 내용이다.

> 형제들아 때와 시기에 관하여는 너희에게 쓸 것이 없음은 주의 날이 밤에 도둑
> 같이 이를 줄을 너희 자신이 자세히 알기 때문이라 그들이 평안하다 안전하다
> 할 그 때에 임신한 여자에게 해산의 고통이 이름과 같이 멸망이 갑자기 그들에
> 게 이르리니 결코 피하지 못하리라 형제들아 너희는 어둠에 있지 아니하매 그
> 날이 도둑같이 너희에게 임하지 못하리니 너희는 다 빛의 아들이요 낮의 아들
> 이라 우리가 밤이나 어둠에 속하지 아니하나니 그러므로 우리는 다른 이들과
> 같이 자지 말고 오직 깨어 정신을 차릴지라 (살전 5:1~6).

예수님이 오시면 심판이 있을 뿐이다. 이단들은 재림주가 자신들에게
도둑같이 왔다고 증거하고 다닌다. 성경에서는 분명히 믿지 않는 자들에
게 도둑같이 온다고 했으니, 스스로 자신들의 함정에 빠진 꼴이 되었다.
예수님은 각 사람의 눈으로 직접 볼 수 있는 모습으로 타나나실 것이며
조용히 오시는 것이 아니라 광풍이 불면서 요란하게 오실 것이다.

> 볼지어다 그가 구름을 타고 오시리라 각 사람의 눈이 그를 보겠고 그를 찌른
> 자들도 볼 것이요 땅에 있는 모든 족속이 그로 말미암아 애곡하리니 그러하리
> 라 아멘 (계 1:7).

> 그 때에 불법한 자가 나타나리니 주 예수께서 그 입의 기운으로 그를 죽이시고
> 강림하여 나타나심으로 폐하시리라 (살후 2:8).

하나님의 우편에 앉아 계시던 예수님이 이 땅에 오시면 구원받은 성도
들을 모두 모으신다. 그때, 이 땅에 있던 신자들은 순식간에 지금의 몸이
부활의 몸(부활체)으로 변화되어 공중에서 주님을 영접하게 될 것이다.

그가 큰 나팔소리와 함께 천사들을 보내리니 그들이 그의 택하신 자들을 하늘 이 끝에서 저 끝까지 사방에서 모으리라 (마 24:31).

보라 내가 너희에게 비밀을 말하노니 우리가 다 잠 잘 것이 아니요 마지막 나 팔에 순식간에 홀연히 다 변화되리니 나팔 소리가 나매 죽은 자들이 썩지 아니 할 것으로 다시 살아나고 우리도 변화되리라 (고전 15:51~52).

죽은 자의 부활

예수님이 재림하실 때에 맨 먼저 예수 그리스도로 말미암아 죽은 사람들 이 부활하게 된다. 이것은, 예수님이 부활하셔서 죽음의 권세를 깨뜨렸으 므로 예수님을 추종하던 육체의 죽은 자들도 부활할 수 있게 된 것이다.

우리가 주의 말씀으로 너희에게 이것을 말하노니 주께서 강림하실 때까지 우 리 살아남아 있는 자도 자는 자보다 결코 앞서지 못하리라 주께서 호령과 천사 장의 소리와 하나님의 나팔 소리로 친히 하늘로부터 강림하시리니 그리스도 안에서 죽은 자들이 먼저 일어나고 (살전 4:15~16).

죽어서 오래되어 썩어 없어진 몸이라 할지라도, 눈에 보이지 않는 먼지 처럼 되었다 할지라도, 에스겔 37장 1절~10절의 말씀처럼 골짜기의 마 른 뼈들이 살이 붙어 되살아난 것처럼 죽은 신자의 육체도 다시 살아나게 된다. 얼마나 멋진 일인가!

나팔 소리가 나매 죽은 자들이 썩지 아니할 것으로 다시 살아나고 우리도 변화 되리라 이 썩을 것이 반드시 썩지 아니할 것을 입겠고 이 죽을 것이 죽지 아니 함을 입으리로다 (고전 15:52~53).

살아 있는 자의 변화와 휴거

마지막 나팔소리와 함께, 예수님이 공중재림하시면, 먼저는 그리스도 안에서 죽은 신자들이 부활하고, 다음으로 살아서 주님을 믿는 우리들이 부활체로 변화된다. 그리고 부활한 성도와 함께 우리는 공중으로 들림 받아 그토록 기다리고 그리워하던 예수님을 공중에서 만나게 될 것이다.

> 그 후에 우리 살아남은 자들도 그들과 함께 구름 속으로 끌어 올려 공중에서 주를 영접하게 하시리니 그리하여 우리가 항상 주와 함께 있으리라 (살전 4:17).

공중에서는 주님과 함께 성도들이 혼인잔치를 벌인다. 예수님이 신랑이 되고 우리 믿는 성도들은 신부가 되어 잔치에 참여하게 된다. 그러나 살아서 휴거되지 못한 사람들은 이 땅에 남아서 큰 환란을 받게 될 것이다.

> 천사가 내게 말하기를 기록하라 어린 양의 혼인 잔치에 청함을 받은 자들은 복이 있도다 하고 또 내게 말하되 이것은 하나님의 참되신 말씀이라 하기로 (계 19:9).

재림의 징조

예수님이 이 땅에 다시 오실 때의 징조는 과연 어떻게 나타날까? 제자들이 마지막 때의 징조를 묻자 예수님은, 마지막 때에 미혹을 받지 않도록 주의하라고 하시면서 어떤 징조가 있을 것인지를 알려주셨다. 예수님의 가르침을 잘 숙지하고 마지막을 대비해서 우리는 결코 미혹되지 않도록 해야 한다.

> 예수께서 대답하여 이르시되 너희가 사람의 미혹을 받지 않도록 주의하라 (마 24:4).

마지막 때에는 자신이 예수라고 주장하는 사람 즉, 예수님 이름으로 와서 자신이 그리스도라고 주장하는 사람이 많이 나타날 것이다. 예수님 재림의 징조가 시작되었다고 보아야 한다. 한국에서 자신이 재림 예수라고 주장하는 사람은 최소한 20명이 넘는다고 한다.

> 많은 사람이 내 이름으로 와서 이르되 나는 그리스도라 하여 많은 사람을 미혹하리라 난리와 난리 소문을 듣겠으나 너희는 삼가 두려워하지 말라 이런 일이 있어야 하되 아직 끝은 아니니라 (마 24:5~26).

또한 마지막 때에는 민족과 민족끼리 다투며 나라들끼리 자국의 이익만을 고수하려고 전쟁을 일으키고, 세계 곳곳에서 기근과 지진이 발생하게 된다. 주님은 이때가 재난의 시작이라고 말씀하셨다.

> 민족이 민족을 나라가 나라를 대적하여 일어나겠고 곳곳에 기근과 지진이 있으리니 이 모든 것은 재난의 시작이니라 (마 24:7~8).

예수님을 믿고 전도했다는 이유로 환란을 당하고 심지어는 죽임을 당하는 순교가 일어나고, 그리스도인이라는 이유만으로 사람들에게 미움을 받고 심문을 받게 될 것이다.

> 그 때에 사람들이 너희를 환란에 넘겨주겠으며 너희를 죽이리니 너희가 내 이름 때문에 모든 민족에게 미움을 받으리라 (마 24:9).

그리스도인은 변명할 것을 미리 궁리하지 않아도 된다. 성령님이 도와주셔서 모든 대적이 대항하거나 변박할 수 없는 구변과 지혜를 주시니 걱정할 필요가 없다.

> 그러므로 너희는 변명할 것을 미리 궁리하지 않도록 명심하라 내가 너희의 모든 대적이 능히 대항하거나 변박할 수 없는 구변과 지혜를 너희에게 주리라 (눅 21:14~15).

많은 신자들이 초대 교회와 같이 고난과 환란으로 인해서 예수님 믿는 것을 포기할 뿐만 아니라 예수를 믿는 신자들이 잡혀가게 된다. 심지어 형제끼리, 부모와 자식 간에 죽음으로 몰아가는 일이 일어나게 된다.

> 그 때에 많은 사람이 실족하게 되어 서로 잡아주고 서로 미워하겠으며 (마 24:10).

> 형제가 형제를 아버지가 자식을 죽는 데에 내주며 자식들이 부모를 대적하여 죽게 하리라 (막 13:12).

거짓 선지자, 가짜 목사, 가짜 지도자가 많이 생겨 성경 말씀을 엉터리로 해석하고 가르치며 다른 복음을 전해서 성도들을 미혹하게 된다.

> 거짓 선지자가 많이 일어나 많은 사람을 미혹하겠으며 (마 24:11).

정의가 사라지고 불법을 행하는 것이 오히려 정당화되고 이기주의가 팽배하게 되어 타인을 사랑하는 마음이 식어지게 된다.

불법이 성하므로 많은 사람의 사랑이 식어지리라 (마 24:12).

그러나 모든 환란을 끝까지 견디고, 복음이 세상의 땅 끝까지 모든 민족에게 전파되면 세상의 종말이 온다고 말씀하셨다.

그러나 끝까지 견디는 자는 구원을 얻으리라 이 천국 복음이 모든 민족에게 증언되기 위하여 온 세상에 전파되리니 그제야 끝이 오리라 (마 24:13~14).

또한, 멸망의 가증한 것이 거룩한 곳에 선다고 했으니 이 거룩한 곳이 예루살렘의 성전이라면 그곳에 멸망의 아들이 먼저 나타나게 될 것이다.

그러므로 너희가 선지자 다니엘이 말한바 멸망의 가증한 것이 거룩한 곳에 선 것을 보거든(읽는 자는 깨달을진저) (마 24:15).

누가 어떻게 하여도 너희가 미혹되지 말라 먼저 배교하는 일이 있고 저 불법의 사람 곧 멸망의 아들이 나타나기 전에는 그날이 이르지 아니하리니 (살후 2:3).

지금 이스라엘에는 성전이 없다. BC 957년에 솔로몬이 지었던 화려한 성전은 BC 586년 바벨론의 침공으로 완전히 파괴되었고 이후 스룹바벨이 성전을 재건하였는데 이 성전을 제2성전이라고 한다. 그러나 로마에 의해 AD 70년에 이스라엘이 멸망하면서 성전은 예수님의 예언대로 돌 하나도 돌 위에 남지 않고 모두 무너졌다.

예수께서 이르시되 네가 이 큰 건물들을 보느냐 돌 하나도 돌 위에 남지 않고 다 무너뜨려지리라 하시니라 (막 13:2).

1948년에 이스라엘을 건국한 유대인들은 없어진 성전을 재건하려고 부단히 노력하고 있다. 이 성전을 제3성전이라고 하여 10여 년 전까지만 해도 비밀리에 준비했다. 그러나 지금은 2020년 9월 15일 미국의 중재로 이스라엘이 아랍에미리트(UAE), 바레인과 정식 외교 관계를 수립한 아브라함 협정을 통해 제3성전의 디딤돌을 공개적으로 마련했다. 이 유대인들은 예수님을 믿지 않고 신약성경도 믿지 않는 사람들이다. 지금은 예수님을 그리스도로 믿는 우리에게는 성전이 필요 없는 시대이다. 예수님을 그리스도로 믿는 성도가 바로 성령님이 거하시는 성전이기 때문이다.

> 너희는 너희가 하나님의 성전인 것과 하나님의 성령이 너희 안에 계시는 것을 알지 못하느냐 (고전 3:16).

멸망의 아들이 성전에 앉아 자기를 하나님이라고 한다는 예언대로라면 제3성전이 세워질 수도 있다. 만약, 성경에 예언된 성전이 제3성전이라면 예수님의 재림은 아주 가까이 왔다고 보아야 할 것이다.

> 그는 대적하는 자라 신이라고 불리는 모든 것과 숭배함을 받는 것에 대항하여 그 위에 자기를 높이고 하나님의 성전에 앉아 자기를 하나님이라고 내세우느니라 (살후 2:4).

그러나 무엇보다 예수님이 친히 모퉁이 돌이 되시고 우리는 예수님 안에서 하나의 돌로서 다른 성도들과 연합하여 성령 안에서 온전한 성화를 이루어가는 것이 하나님께서 원하시는 참 성전의 모습이다.

> 너희는 사도들과 선지자들의 터 위에 세우심을 입은 자라 그리스도 예수께서

친히 모퉁잇돌이 되셨느니라 그의 안에서 건물마다 서로 연결하여 주 안에서 성전이 되어 가고 너희도 성령 안에서 하나님이 거하실 처소가 되기 위하여 그리스도 예수 안에서 함께 지어져 가느니라 (엡 2:20~22).

또한, 마지막의 징조는 세계 곳곳에서 자칭 그리스도라고 하는 자들이 등장하게 되는 것인데, 이전에도 많은 이들이 등장했다.

그 때에 사람이 너희에게 말하되 보라 그리스도가 여기 있다 혹은 저기 있다 하여도 믿지 말라 (마 24:23).

적그리스도들과 거짓 선지자들이 엄청나게 큰 기적을 일으켜 신자들을 미혹해서 하나님을 믿지 못하도록 할 것이다. 심지어는 하늘에서 불이 떨어지라고 명령하면 불이 떨어지는 기적도 일으키게 될 것이다.

거짓 그리스도들과 거짓 선지자들이 일어나 큰 표적과 기사를 보여 할 수만 있으면 택하신 자들도 미혹하리라 (마 24:24).

큰 이적을 행하되 심지어 사람들 앞에서 불이 하늘로부터 땅에 내려오게 하고 (계 13:13).

성경은 예수님이 비밀리에 오셨다고 해도 믿지 말고, 자칭 예수라고 하는 사람이 많은 사람들이 보는데서 엄청난 기적을 일으켜도 믿지 말라고 한다.

그러면 사람들이 너희에게 말하되 보라 그리스도가 광야에 있다 하여도 나가지 말고 보라 골방에 있다 하여도 믿지 말라 (마 24:26).

예수님의 재림은 세상에 있는 모든 사람이 번갯불을 환하게 보듯이 볼 수 있고, 알 수 있도록 나타나게 될 것이다.

> 번개가 동편에서 나서 서편까지 번쩍임같이 인자의 임함도 그러하리라 (마 24:27).

Chapter 17
큰 환란

미래의 어느 날에는 반드시 창조 이래 겪어보지 못한 엄청난 환란이 있을 것이다. 우리는 성경에 기록된 말씀을 믿고 숙지하고 마음 판에 새겨서 환란에 대비해야 한다.

> 이는 그 때에 큰 환난이 있겠음이라 창세로부터 지금까지 이런 환난이 없었고 후에도 없으리라 (마 24:21).

미래에 있을 우주적 종말의 심판에 대한 내용을 영적인 해석보다는 성경에 기록된 문자를 바탕으로 해석하려고 한다. 어떤 목회자나 신학자들은 요한계시록을 기록한 순서대로 해석하면 오류가 생긴다고 말한다. 분명히 이분들은 엄청나게 오랜 시간 동안 기도와 묵상과 연구를 통해서 깨달은 것을 말하고 있으며, 이분들의 해석이 잘못되었다고는 생각하지 않는다. 단지 필자는 해석을 최대한 시간의 순서대로 진행했음을 밝힐 뿐이다. 미래의 종말에 대한 정확한 해석은 하나님의 최종 심판이 일어나면 알 수 있게 될 것이다.

환란 중 휴거

그 때가 언제인지는 모르지만 반드시 큰 환란이 있을 것이다. 성경에는 휴거에 대한 내용이 기록되어 있는데, 환란 전 휴거를 주장하는 이와 환란 후의 휴거를 주장하는 이가 있다. 물론, 이들은 성경을 근거로 주장하고 있다. 환란 전이든 후이든 중간이든 분명히 휴거는 일어날 것이다.

필자는 환란 중의 휴거를 주장하고 싶다. 고린도전서 15장 51절에서의 마지막 나팔은 계시록의 일곱 번째 나팔이라고 생각한다. 일곱 번째 나팔이 부는 시점은 환란 중이라고 볼 수 있다. 그리고 이집트의 열 가지 재앙 중에서 처음 세 가지의 재앙은 이스라엘 백성도 모두 겪었다. 이것을 상징적으로 볼 때, 마지막 날에도 성도들이 환란을 통과하리라고 예상한다.

> 보라 내가 너희에게 비밀을 말하노니 우리가 다 잠 잘 것이 아니요 마지막 나팔에 순식간에 홀연히 다 변화되리니 나팔 소리가 나매 죽은 자들이 썩지 아니할 것으로 다시 살아나고 우리도 변화되리라 (고전 15:51~52).

또, 택한 자들을 위해서 환란 날을 감해 주신다는 내용으로 미루어 볼 때, 성도들이 환란을 당한다는 사실이 더 설득력이 있다고 생각한다.

> 만일 주께서 그 날들을 감하지 아니하셨더라면 모든 육체가 구원을 얻지 못할 것이거늘 자기가 택하신 자들을 위하여 그 날들을 감하셨느니라 (막 13:20).

인 맞지 못한 자의 환란

계시록의 예언에 의하면, 재앙에는 일곱 인과 일곱 나팔과 일곱 대접의 재앙이 있다. 여섯째 인을 떼고 일곱 번째 인을 떼기 전에, 이마에 하나님의 인을 친다.

> 내가 인침을 받은 자의 수를 들으니 이스라엘 자손의 각 지파 중에서 인침을 받은 자들이 십사만 사천이니 (계 7:4).

여기 인침을 받은 자와 흰 옷을 입은 큰 무리도 구원받은 자들인데 일곱째 인 일곱째 나팔이 불기까지 환란을 당한다. 하지만 구원받은 자들에게는 견딜 수 있는 환란이 될 것이다.

> 그들에게 이르시되 땅의 풀이나 푸른 것이나 각종 수목은 해하지 말고 오직 이마에 하나님의 인침을 받지 아니한 사람들만 해하라 하시더라 (계 9:4).

예수님의 공중 재림 시, 이 땅에 육체를 입고 사는 사람 중에 진심으로 예수님을 구세주로 믿는 성도는 공중으로 들림을 받고, 나머지 들림 받지 못한 사람들은 이 땅에 남아서 더 큰 환란을 당하게 될 것이다.

예수님의 재림 사건은 마지막 나팔이 불 때 일어난다. 일곱 번째 나팔이 불고 첫 번째 대접 심판 이전에 믿는 자들은 홀연히 변화되어 공중에서 주님을 맞이하게 된다. 그리고 일곱 번째 나팔을 분 후 일곱 번째 대접 심판 이후에 주님이 지상으로 재림하신다.

> 보라 내가 너희에게 비밀을 말하노니 우리가 다 잠 잘 것이 아니요 마지막 나팔에 순식간에 홀연히 다 변화되리니 (고전 15:51).

환란으로 인해 사람들이 너무 고통스러워서 죽고 싶어도 스스로 죽는 행위 자체가 되지 않는다.

> 그 날에는 사람들이 죽기를 구하여도 죽지 못하고 죽고 싶으나 죽음이 그들을
> 피하리로다 (계 9:6).

이 땅에서 휴거되지 못하고 남은 자들은, 남아 있는 일곱 대접의 심판을 받게 된다. 어쩌면 그 이전의 재앙보다 훨씬 더할 것이다. 비록 인 맞지 못한 자들이라고 할지라도 큰 환란 중에 회개하고 예수님을 믿음으로 받아들인 후, 죽임을 당한 신자들에게는 구원의 길이 열리게 될 것이다.

> 내가 말하기를 내 주여 당신이 아시나이다 하니 그가 나에게 이르되 이는 큰
> 환난에서 나오는 자들인데 어린 양의 피에 그 옷을 씻어 희게 하였느니라 (계
> 7:14).

천년왕국

성경을 읽고 깨달은 것은 천년왕국의 1,000년은 문자 그대로 지금의 물리적인 1천 년의 시간을 의미하며, 천년왕국이 시작되기 직전에 예수님이 지상으로 재림하게 되고, 이때 성도들은 그리스도와 함께 지상에서 통치하게 될 것이다. 재림은 공중 재림(일곱 번째 나팔소리 후)과 지상 재림(일곱 번째 대접 후) 두 번이 있을 것이다.

예수님이 다스릴 메시야 왕국인 천년왕국에서는 예수님이 만왕의 왕이 되실 것이고 우리는 예수님과 함께 다스리는 권세를 얻게 될 것이다. 천년왕국에서는 인간이 완전히 회복되고 파괴된 자연 역시 완전히 회복될

것이며, 사나운 짐승과 독사와 어린 양과 어린 아이가 함께 놀아도 해함을 받거나 상처를 입지 않게 될 것이며, 하나님을 아는 지식이 세상에 가득하게 될 것이다.

> 그 때에 이리가 어린 양과 함께 살며 표범이 어린 염소와 함께 누우며 송아지와 어린 사자와 살진 짐승이 함께 있어 어린 아이에게 끌리며 암소와 곰이 함께 먹으며 그것들의 새끼가 함께 엎드리며 사자가 소처럼 풀을 먹을 것이며 젖 먹는 아이가 독사의 구멍에서 장난하며 젖 뗀 어린 아이가 독사의 굴에 손을 넣을 것이라 내 거룩한 산 모든 곳에서 해 됨도 없고 상함도 없을 것이니 이는 물이 바다를 덮음같이 여호와를 아는 지식이 세상에 충만할 것임이니라 (사 11:6~9).

환란 중 그리스도께서 공중 재림하실 때 잠자는 성도의 부활과 살아 있는 성도의 변화(부활체)가 있은 후, 환란을 통과하면서 휴거되지 못하고 죽은 순교자의 부활이 있고, 천년왕국의 마지막 때에 하나님의 백보좌 심판을 위해 믿지 않고 죽은 자들의 부활이 있을 것이다.

그리고 환란을 통과하면서 순교하여 부활한 신자와 함께 예수님과 잔치에 참여한 성도들이 함께 지상으로 재림할 것이며, 천 년 동안 주님과 함께 다스리는 왕국이 시작될 것이다.

> 또 내가 보좌들을 보니 거기에 앉은 자들이 있어 심판하는 권세를 받았더라 또 내가 보니 예수를 증언함과 하나님의 말씀 때문에 목 베임을 당한 자들의 영혼들과 또 짐승과 그의 우상에게 경배하지 아니하고 그들의 이마와 손에 그의 표를 받지 아니한 자들이 살아서 그리스도와 더불어 천 년 동안 왕 노릇 하니 (계 20:4).

천 년이 지나면 사탄과 그를 따르는 악한 영들과 믿지 않고 죽은 자들이 부활하여 하나님으로부터 최후의 심판을 받은 후, 영원 불 못 지옥에 가게 될 것이며, 구원받은 성도들은 하나님과 함께 새 하늘과 새 땅, 즉 영원한 왕국, 하나님나라에서 영원히 살게 될 것이다.

> 바다가 그 가운데에서 죽은 자들을 내주고 또 사망과 음부도 그 가운데에서 죽은 자들을 내주매 각 사람이 자기의 행위대로 심판을 받고 사망과 음부도 불 못에 던져지니 이것은 둘째 사망 곧 불 못이라 누구든지 생명책에 기록되지 못한 자는 불 못에 던져지더라 (계 20:13~15).

Chapter 18
하나님의 공의로운 심판

　인간 사회의 법에도 죽을죄를 지었다고 재판없이 바로 사형을 가하는 것은 아니다. 죄를 지으면, 먼저 경찰조사를 받게 하고 죄가 있다고 판단 되면 유치장에 가두게 되는데 임시적으로 갇혀 있게 한다. 그리고 경찰은 조서를 작성해서 검찰로 넘긴다. 조서를 받은 검찰은 피의자를 다시 구치 소에 가두는데 이곳 역시 검찰조사 및 법원판결을 받기 전까지 임시적으로 가두는 곳이다. 이어 검사는 소장을 작성하여 재판을 받을 수 있도록 절차를 밟는다. 법원에서 소장을 받은 판사는 피의자의 유무죄를 판단한 다. 판사가, 여러 정황 증거를 통해 죄가 있다고 판단하면 유죄확정 판결 을 내려 죄수를 교도소로 이감한다.

　판사의 판결은 곧 심판의 의미다. 판사의 최종 판결이 나기 전까지 피의 자가 갇혀 있는 곳이 유치장, 구치소이듯이 마지막에 하나님께서 심판하 실 그때까지 사탄이 임시로 갇혀 있는 곳이, 바로 흑암이고 지옥이다. 사 탄은 죄를 범하고 흑암에 갇혔다. 이 흑암 가운데 하나님은 우주를 만드 셨다.

　사탄이 우주공간에 있는 동안 사람은 사탄으로부터 엄청난 고난과 시련을 받게 된다. 이것은 다른 의미로는 하나님으로부터 받는 테스트를 의미한다. 시험을 잘 통과한 사람은 낙원이라는 임시적인 장소에서 천국에 있는 것과 같이 안식하다가, 예수님의 재림 때, 부활을 통해 천년왕국에서 살다가 마지막 심판 이후 영원한 하나님나라에 들어가게 된다.

영생 구원

하나님과 예수 그리스도를 제대로 알고 믿은 자에게 주어지는 곳이 바로 영원한 아버지의 집이다. 우리 믿는 신자들은 영원한 천국에 들어가게 될 것이다. 하나님은 최종 심판 이후, 하나님나라에서 자신의 행위대로 상을 주시겠다고 약속하셨다. 누가복음 19장 11절~27절에서 열 므나 비유를 통해서 볼 때, 상급이 다 동일한 것이 아니라 각각 다르게 받게 된다는 것을 알 수 있다.

> 불의를 행하는 자는 그대로 불의를 행하고 더러운 자는 그대로 더럽고 의로운 자는 그대로 의를 행하고 거룩한 자는 그대로 거룩하게 하라. 보라 내가 속히 오리니 내가 줄 상이 내게 있어 각 사람에게 그가 행한 대로 갚아 주리라 (계 22:11~12).

영원한 생명으로 구원받을 대상은 예수님을 그리스도로 믿는 자, 자녀의 신분을 받은 자, 그리스도의 신부가 된 자, 생명책에 이름이 기록된 자들이다.

> 하나님이 세상을 이처럼 사랑하사 독생자를 주셨으니 이는 그를 믿는 자마다 멸망하지 않고 영생을 얻게 하려 하심이라 (요 3:16).

예수님을 구세주로 받아들이는 어느 누구나 영원한 생명을 얻게 되고 하나님의 자녀가 된다.

> 영접하는 자 곧 그 이름을 믿는 자들에게는 하나님의 자녀가 되는 권세를 주셨으니 (요 1:12).

하나님의 자녀는 예수님이 재림하실 때, 신부의 자격으로 재림 잔치에 참여하게 될 뿐 아니라 예수님을 믿는 순간 생명책에 기록이 된다.

> 우리가 즐거워하고 크게 기뻐하며 그에게 영광을 돌리세 어린 양의 혼인 기약이 이르렀고 그의 아내가 자신을 준비하였으므로 (계 19:7).

> 무엇이든지 속된 것이나 가증한 일 또는 거짓말하는 자는 결코 그리로 들어가지 못하되 오직 어린 양의 생명책에 기록된 자들만 들어가리라 (계 21:27).

그리고 하나님나라에서 천사는 성도들의 수종자가 되어 영원토록 구원받은 하나님의 자녀들을 받들며 살게 될 것이다.

> 모든 천사들은 섬기는 영으로서 구원받을 상속자들을 위하여 섬기라고 보내심이 아니냐 (히 1:14).

만약, 선악과가 없었다면 사람은 이 땅에서 생명나무 열매를 먹으며 영원히 살았을 것이다. 그러나 하나님은 제한적인 육체로 영생하는 것보다 하나님의 나라에서 영원히 같이 사시기를 원하셨다. 그리스도 예수 안에서만 영생이 가능하다. 영생할 수 있는 존재는 오직 유일하신 하나님 밖에는 없다. 천사도 사람도 그 어떤 피조물에게도 영생의 능력이 없다. 하나님은 이 영생의 선물을 예수 그리스도로 말미암아 신자에게 주셨다.

영원 영벌

하나님의 공의로운 최종 심판 이후 예수님을 구세주로 믿고 기록된 말씀대로 의지적으로 살려고 노력한 신자에게는 영원한 구원의 선물과 상이 하나님나라에서 있을 것이지만, 예수님을 믿지 않아 하나님의 생명책에 기록되지 못한 사람에게는 영원한 형벌이 따른다.

> 누구든지 생명책에 기록되지 못한 자는 불 못에 던져지더라 (계 20:15).

> 진리를 믿지 않고 불의를 좋아하는 모든 자들로 하여금 심판을 받게 하려 하심이라 (살후 2:12).

> 또 왼편에 있는 자들에게 이르시되 저주를 받은 자들아 나를 떠나 마귀와 그 사자들을 위하여 예비 된 영원한 불에 들어가라 (마 25:41).

이 영원한 형벌은 마귀와 짐승과 거짓 선지자, 거짓 선생들, 이단자들에게도 해당된다.

> 또 그들을 미혹하는 마귀가 불과 유황 못에 던져지니 거기는 그 짐승과 거짓 선지자도 있어 세세토록 밤낮 괴로움을 받으리라 (계 20:10).

> 그러나 백성 가운데 또한 거짓 선지자들이 일어났었나니 이와 같이 너희 중에도 거짓 선생들이 있으리라. 그들은 멸망하게 할 이단을 가만히 끌어들여 자기

들을 사신 주를 부인하고 임박한 멸망을 스스로 취하는 자들이라 (벧후 2:1).

그 다음으로 영원한 형벌을 받는 대상은 사망과 음부이다.

사망과 음부도 불 못에 던져지니 이것은 둘째 사망 곧 불 못이라 (계 20:14).

예수께서 대답하여 이르시되
사람이 나를 사랑하면 내 말을 지키리니
내 아버지께서 그를 사랑하실 것이요
우리가 그에게 가서 거처를 그와 함께 하리라
요한복음 14장 23절

3부
하나님나라 건설 완성

또 내가 새 하늘과 새 땅을 보니
처음 하늘과 처음 땅이 없어졌고 바다도 다시 있지 않더라
요한계시록 21장 1절

Chapter 19
새 하늘과 새 땅

지금의 땅이 앞으로도 영원히 존재할 것이라고 생각하는 사람들이 많다. 하지만 현재의 지구를 포함한 우주는 장차 없어지고 새 하늘과 새 땅이 도래하게 될 것이다. 베드로는 그래서 하나님이 말씀으로 천지를 창조하셨듯이, 이 땅을 심판과 멸망의 날까지만 보존하시는데 결국은 동일한 말씀으로 불살라 버리신다고 했다.

> 이제 하늘과 땅은 그 동일한 말씀으로 불사르기 위하여 보호하신 바 되어 경건하지 아니한 사람들의 심판과 멸망의 날까지 보존하여 두신 것이니라 (벧후 3:7).

이사야 선지자도 이전의 우주만물은 기억되거나 생각도 나지 않을 것이라고 예언했다.

> 보라 내가 새 하늘과 새 땅을 창조하나니 이전 것은 기억되거나 마음에 생각나지 아니할 것이라 (사 65:17).

시편 기자도 천지가 없어질 것을 예언했다.

> 천지는 없어지려니와 주는 영존하시겠고 그것들은 다 옷같이 낡으리니 의복같
> 이 바꾸시면 바뀌려니와 (시 102:26).

예수님도 기록된 모든 말씀이 다 이루어질 것이며, 그것은 천지가 없어
지기 전이라고 말씀하셨다.

> 진실로 너희에게 이르노니 천지가 없어지기 전에는 율법의 일점 일획도 결코
> 없어지지 아니하고 다 이루리라 (마 5:18).

사도 요한도 계시를 통해, 하나님의 보좌 앞에서 땅과 하늘이 사라지고
찾아볼 수 없다고 했으며, 분명히 현재의 하늘과 땅과 바다가 없어졌음을
보았다.

> 또 내가 크고 흰 보좌와 그 위에 앉으신 이를 보니 땅과 하늘이 그 앞에서 피하
> 여 간 데 없더라 (계 20:11).

> 또 내가 새 하늘과 새 땅을 보니 처음 하늘과 처음 땅이 없어졌고 바다도 다시
> 있지 않더라 (계 21:1).

우주는 한시적으로 사탄의 심판을 위해 만들어 놓은 곳이다. 우주를 통
해 하나님께서 사탄의 범죄를 드러내시고, 심판하신 후에는 더 이상 우주
가 의미가 없게 될 것이다.

하나님께서는 전능하신 분이라 말씀 한마디로 대환란 동안 엉망이 된
천지를 회복시키실 수 있다. 그러나 성경에서는 현재의 천지에 새로운 땅
과 하늘을 만든다는 의미보다 이 우주를 완전히 없애고, 새로운 하늘과

땅을 창조할 것이라고 말씀하고 있다. 그곳에서 우리는, 현재의 몸이 아니라 새 하늘과 새 땅에 맞는 변화체(부활체)로 살아가게 될 것이며, 왕 같은 제사장으로서 천사들을 호령하며 다스리며 살게 될 것이다. 우리의 신분은, 하나님의 아들 딸, 예수님의 신부, 하나님의 친구가 되어 오직 유일한 신이신 성삼위 일체 하나님과 영원왕국에서 영원토록 살게 될 것이다.

영원왕국에서는 하나님이 친히 우리의 모든 눈물을 닦아주시고 다시는 사망이나 애통하는 일이나 곡하는 일이나 아픈 일이 없을 것이다. 우리는 하나님나라의 상속자로 영원히 영원히 살게 될 것이다.

> 내가 들으니 보좌에서 큰 음성이 나서 이르되 보라 하나님의 장막이 사람들과 함께 있으매 하나님이 그들과 함께 계시리니 그들은 하나님의 백성이 되고 하나님은 친히 그들과 함께 계셔서 모든 눈물을 그 눈에서 닦아 주시니 다시는 사망이 없고 애통하는 것이나 곡하는 것이나 아픈 것이 다시 있지 아니하리니 처음 것들이 다 지나갔음이러라 (계 21:3~4).

그러나 예수님을 그리스도로 믿지 않고 죽은 자나, 믿지 않은 자들은 영원토록 불 못 지옥의 형벌에서 고통을 당하며 살게 될 것이다. 영원토록! 영원토록!

> 성령과 신부가 말씀하시기를 오라 하시는도다 듣는 자도 오라 할 것이요 목마른 자도 올 것이요 또 원하는 자는 값없이 생명수를 받으라 하시더라 (계 22:17)

나라의 구성요소가 국민, 주권, 영토이듯이 하나님나라도 주권자이신 하나님께서, 예수님을 통해 새 하늘과 새 땅의 영토를 만들어서 오실 때, 세상 백성인 우리가 하나님의 백성(국민)이 되므로, 온전한 하나님나라의 구성이 완성될 것입니다.

> 기약이 이르면 하나님이 그의 나타나심을 보이시리니 하나님은 복되시고 유일하신 주권자이시며 만왕의 왕이시며 만주의 주시요 (딤전 6:15).

> 내 아버지 집에 거할 곳이 많도다 그렇지 않으면 너희에게 일렀으리라 내가 너희를 위하여 거처를 예비하러 가노니 (요 14:2).

> 그러나 우리의 시민권은 하늘에 있는지라 거기로부터 구원하는 자 곧 주 예수 그리스도를 기다리노니 (빌 3:20).

아멘! 아멘! 그리스도 예수님, 어서 오시옵소서!

> 주 예수의 은혜가 모든 자들에게 있을지어다 아멘 (계 22:21).

덧붙이는 글

하나님은 우리가 보는 이 우주만물을 창조하시기 이전에 삼위일체 하나님으로 계셨습니다. 성삼위 하나님은 하나님의 나라를 건설하시기로 계획하시고 하나님나라가 완성될 때, 천국에서 같이 영원히 살 하나님의 자녀를 창조하기로 계획하셨습니다. 이를 위해 먼저 하나님과 하나님의 자녀를 수종들 천사들을 창조하셨습니다. 이어서 사람을 창조하시고, 이 세상에 독생자 성자 예수님을 보내셔서 인류의 죄 문제를 해결하셨습니다. 그리하여 사탄과 그 따르는 수많은 무리를 멸하심과 동시에 우리를 하나님의 자녀로 택하셨습니다.

하나님은 계획하신 것을 이루셨고, 이루어 나가시고 반드시 이루실 것입니다.

천지와 만물이 다 이루어지니라 (창 2:1).

첫 사람 아담은 하나님의 말씀에 불순종하여 자신이 피조물임을 망각하고 창조주 하나님과 같이 되려는 범죄를 저지르게 되었습니다. 그리고 예수님께서 인간의 죄를 위해 십자가상에서 인류의 죗값을 다 치르셨습니다.

예수께서 신 포도주를 받으신 후에 이르시되 다 이루었다 하시고 머리를 숙이니 영혼이 떠나가시니라 (요 19:30).

처음과 끝 되신 하나님께서는 사탄의 방해 속에서도 태초에 계획했던 모든 일을 이루어 가실 것입니다.

또 내게 말씀하시되 이루었도다 나는 알파와 오메가요 처음과 마지막이라 내가 생명수 샘물을 목마른 자에게 값없이 주리니 (계 21:6).

결국 하나님이 우리를 하나님(신)의 자녀인 상속자로 만드실 것입니다.

내가 말하기를 너희는 신들이며 다 지존자의 아들들이라 하였으나 (시 82:6).

예수님이 자칭 하나님이라고 한 것에 대해 반박하는 유대인들에 대해서, 예수님께서는 구약성경을 인용하여, 믿는 자들을 신이라고 하신 말씀을 언급하셨습니다.

예수께서 이르시되 너희 율법에 기록 된 바 내가 너희를 신이라 하였노라 하지 아니하였느냐 (요 10:34).

심지어 하나님의 말씀을 받은 자를 신이라고도 하셨습니다.

성경은 폐하지 못하나니 하나님의 말씀을 받은 사람들을 신이라 하셨거든 (요 10:35).

하나님은 하나님나라 건설을 위해 가장 먼저 첫 번째 피조물인 천사를 창조하셨고, 그 완성은 신자가 신의 경지에 이르는 하나님의 자녀가 되어 영원토록 하나님나라에서 사는 것으로 마무리하실 것입니다.

이 과정에서 사탄은 하나님나라 건설을 방해하기 위해 수천 년 동안 부단히 훼방해 왔지만 결국 하나님은 사탄을 도구로 삼아 하나님의 뜻대로 하나님나라 건설을 완성하게 될 것입니다.

모든 성경은 성령 하나님의 감동에 의해 문자로 기록되었습니다. 문자로 기록된 말씀의 비밀을 깨닫기 위해서는 성령님의 도우심이 반드시 필요합니다.

그러므로 우리는 성경을 읽을 때 먼저 성령님의 도우심으로 말씀이 깨달아지도록 도움을 구해야 합니다. 그리고 깨달은 말씀을 실천으로 옮기는 삶을 살아야 합니다.

> 모든 성경은 하나님의 감동으로 된 것으로 교훈과 책망과 바르게 함과 의로 교육하기에 유익하니 (딤후 3:16).

> 하나님께서는 성령님을 통해 그 비밀을 우리에게 알려주셨습니다. 성령님은 모든 것을 살피시므로 하나님의 깊은 것까지도 알아내십니다 (고전 2:10 – 현대인의 성경).

우리 주 예수 그리스도의 은혜와 하나님 아버지의 사랑과 성령님의 교통하심이 이 책을 읽는 모든 독자들에게 임하시길 축복하고 또 축복합니다.